4차 산업혁명 재테크의 미래

대한민국 미래의 부를 창출하는 새로운 투자법

4차산업혁명 재테크의 미래

THE FUTURE OF INVESTMENT TECHNIQUES

정재윤 지음

다산3.0

돈에서 해방을 꿈꾸는 당신에게

저금리 저성장 시대의
돈 고민

현대인의 가장 큰 고민은 무엇일까. 여러 고민이 있겠지만 역시 돈 고민이 클 것이다. 어떻게 돈을 벌까? 어떻게 돈을 쓸까? 어떻게 돈을 불릴까? 우리는 매일 이런 고민을 한다.

　　돈 고민은 크게 세 가지로 나뉜다. 돈을 잘 버는 것, 잘 쓰는 것, 그리고 잘 불리는 것. 돈을 잘 벌고 현명하게 소비하는 것이 물론 중요하지만, 어떻게 돈을 불릴 것인지, 또 어떻게 돈을 관리할 것인지도 점점 더 중요해지고 있다.

과거 고금리 고성장 시대에는 크게 고민할 것이 없었다. 고속 성장하던 때라 월급도 계속 올랐고, 은행에만 넣어도 안정적으로 10% 이상 이자 수익을 벌었고, 집값도 계속 크게 뛰었으며, 주식도 급등하던 시절이었기 때문이다. 하지만 세상은 완전히 바뀌었다. 이제 그러한 고도 성장기, 고금리 시대는 먼 과거의 일이 됐다. 요즘 사람들에게는 꿈만 같은 얘기다.

필자는 2000년대 초반부터 15년가량 신문, 통신, 방송을 넘나들며, 또 내신과 외신을 오가며, 금융시장이라고 하는 '쩐錢의 전쟁터'를 취재해왔다. 한국은행, 금융감독원, 금융위원회, 시중은행, 증권사, 보험사, 저축은행, 증권거래소, 외환시장 등 금융시장에서 수많은 사람을 만나고 취재하면서 '돈이란 무엇인가? 돈을 어떻게 굴려야 하는가? 누가 돈을 버는가?'라는 질문을 계속 가슴 속에 품고 살았다.

지난 2008년 발생한 글로벌 금융위기는 필자의 경제에 대한 관점과 이해를 크게 성장시켜준 사건이었다. 얼마나 큰 충격이었는지 당시는 '전대미문', '전인미답'이란 단어를 글로벌 금융위기 앞에 당연하게 붙이곤 했다. 나치의 출연과 2차 세계대전을 불러왔던 1920년대 대공황급 공포가 과장이 아니었다.

실물경제는 즉시 얼어붙었다. 2008년 4분기 한국의 경제 성장률은 전 분기 대비 -5.4%였다. 세 달 만에 국내총생산GDP이 5.4%나 급감한 것으로, 연율年率로 환산하면 20% 이상 폭락한 것이다. 공

[그림 0-1] 2007년~2008년 분기별 GDP 증가율(전기대비, 계절조정)

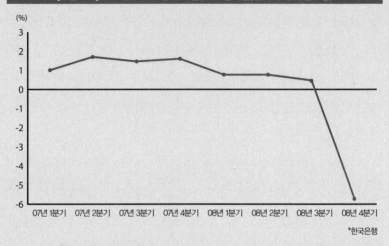

(%)

07년 1분기 07년 2분기 07년 3분기 07년 4분기 08년 1분기 08년 2분기 08년 3분기 08년 4분기

*한국은행

황panic이란 말이 전혀 과장이 아닐 정도였다. 특히 한국은 1997년 말 닥친 IMF 외환위기의 충격이 채 가시기도 전이었다. 일반 시민은 말할 것도 없고, 정부, 기업, 언론 모두 공포감에 젖었다. 1920년대 대공황이야 역사책에서나 봤지만, 1997년 IMF 외환위기는 아직 생생했기 때문에 공포는 배가됐다.

주가는 순식간에 1000 미만으로 추락하고 주식시장이 패닉에 빠지자, 다음 아고라에서 활동하던 '미네르바'라는 경제 논객이 부정적인 경기 전망을 했다는 이유로 구속되는 초유의 사태가 발생하기도 했다. 돌이켜보면 참으로 황당한 일인데, 정부가 얼마나 이 경제 충격에 자신감이 없고 당황했으면, 아무런 실질적 힘도 없는 인터넷 경제 논객을 억지로 잡아넣기까지 했을까.

[그림 0-2] 2008년~2009년 코스피지수

1,900
1,800
1,700
1,600
1,500
1,400
1,300
1,200
1,100
1,000
900

2008/1 2008/3 2008/5 2008/7 2008/9 2008/11 2009/1 2009/3 2009/5 2009/7 2009/9 2009/11

　　필자는 당시 이렇게 급변하고 두려웠던 글로벌 금융위기와 이에 대한 금융위원회, 금융감독원, 한국은행 등 정책당국의 대응을 지켜보면서, 경제와 돈에 대한 이론과 실제를 고민하고 공부할 소중한 기회를 가졌다.

　　2008년 9월 14일 리먼브러더스Lehman Brothers 파산 신청 이후 공포에 빠져들던 한국 경제는 그해 12월 한미통화스와프를 체결하면서 빠르게 안정을 되찾았다. 또 글로벌 금융위기 역시 경제위기의 발원지였던 미국 경제가 구제 금융과 양적완화 정책 등 초강력 극약 처방을 하면서 회복세로 돌아섰다.

　　하지만 이때부터 시작된 글로벌 초저금리 현상은 수많은 부작용을 불러왔는데, 이후 8여 년간 세계 경제는 유럽재정위기, 테이퍼링에 따른 긴축발작taper tantrum 등으로 본질적으로 대부분 국가의 경제가 저성장에 빠져 헤어나지 못하게 됐다. 이 책에서는 이렇게 시작한, 이른바 저금리 저성장의 뉴노멀new normal, 뉴미디오커new mediocre 시대의 핵심 의미를 짚어볼 것이다.

눈뜨고 코 베어 가는
쩐의 전쟁터 자본시장

돈을 잘 굴리기 위해서는, 돈이 무엇인지, 돈이 어떻게 돌고 있는지를 알아야 한다. 이를 연구하는 경제학, 재무학 같은 학문도 있지만, 개인들, 개미들도, 기본적으로 돈이 무엇인지, 돈이 어떻게 돌아가는지, 기본적인 원리를 알아야 한다.

모르면 사기꾼한테 당하기 십상이다. 말 그대로 눈뜨고 코 베어가는 세상이, '쩐의 전쟁터' 자본시장이다. 금융사기, 보이스피싱, 유사수신 등 금융사기는 나날이 진화하면서 우리의 소중한 돈을 노리고 있다. 돈의 원리는 모른 채, 욕심만 많은 사람이 그들의 1순위 표적이다.

사기라는 게 꼭 못 배운 사람, 평범한 사람을 상대로 발생하지는 않는다. 또 사기꾼들만 사기를 치는 것도 아니다. 국내외 유수의 금융회사들이 그럴듯한 상품을 내놓고 당신의 호주머니를 호시탐탐 노리고 있다. 글로벌 금융위기 이전 미국의 투자은행에서 수십억 연봉을 받는 최고의 두뇌들은 부채담보부증권CDO, 신용부도스와프CDS 라는 희한한 파생상품을 만들어 전 세계 기관 투자자들에게 팔아치 웠다.

한국의 우리은행도 CDO, CDS를 1조 5천억 원(1억 5천만 원이 아니라, 1억 5천만 원의 만 배인 1조 5천억 원)어치를 사들였다. 이 상품이 뭔지도 모른 채, 당시 국제신용평가사인 S&P가 AAA라는 우량 등급을 줬다는 이유로, 시중금리보다 약간 높게 이자를 준다는 이유로 그냥 사들였다. 그래서 이 돈의 대부분을 손실 처리해야 했지만, 아무도 책임지는 사람이 없었다.

당시 우리금융지주 회장은 2009년 국정감사에 나와서, 금융당국의 책임을 묻는 국회의원의 질문에 이렇게 답했다. "제가 책임이 있는 만큼 금융당국도 책임이 있으며, 책임이 없는 만큼 금융당국도 책임이 없다고 생각한다."

금융당국이 왜 자기한테만 책임을 떠넘기냐는 불만을 표출한 것일 테지만, 실제 이러한 막대한 손실이 났을 때 정부와 금융기관은 책임을 지지 않는다. 책임을 지려야 질 수가 없다. 조 단위가 넘는 천문학적인 손실을 어떻게 개인이 메울 수 있을 것인가. 책임은 결국 우리 국민이 지게 마련이다. 정부가 소유하던 우리은행의 손실은 우리 세금의 손실이고, 결국 우리 모두의 돈을 잃고 만 것이다.

이 같은 '이익의 사유화, 손실의 사회화'가 전 세계 주요 국가에서 모두 발생했다. 2008년 글로벌 금융위기 당시 미국의 금융회사들이 무분별한 파생상품 투자로 파산 위기에 빠졌는데, 결국 전 국민의 세금인 공적자금 수천만 달러를 투입해 살려줬다.

2008년 9월 미국 재무부는 주택시장 침체와 모기지 손실로 유동성 위기에 직면한 양대 국책 모기지 업체 패니메이Fannie Mae와 프레디맥Freddie Mac을 국유화하고, 두 회사에 각각 1천억 달러씩, 총 2천억 달러 규모의 공적자금을 투입하기로 했다. 그해 11월에도 미국 정부는 씨티그룹에 3000억 달러를 보증하고, 450억 달러의 공적자금을 투입하기로 결정했다. 2008년 금융위기 당시 미국 정부가 금융위기를 진화하기 위해 투입한 돈이 무려 7조 7천억 달러에 이른다는 보도도 있었다.[1] 실로, 천문학적인 돈잔치, 빚잔치가 벌어진 것이다.

2007년 한국의 잘 나가는 외국계 은행과 국내 대형은행(씨티, SC, 신한)은 중소기업을 상대로 수조 원 규모의 키코KIKO, Knock-In, Knock-Out라는 환헤지 상품을 판매했다. 당시는 원/달러 환율이 계속 하락하고 있었으므로, 수출 기업들은 수출해서 달러를 벌어들여봤자 원화 매출과 이익이 계속 줄어들고 있는 상태였다. 그러므로 '원/달러 환율이 떨어져도 일정 환율을 보장해주는' 키코는 아주 매력적인 상품이었다.

하지만 2007년 말 이명박 대통령이 당선된 직후부터, 고환율 정책과 글로벌 금융 불안이 맞물리면서 원/달러 환율은 갑자기 방향

---

1 「부시, 3500억弗 앞당겨 쓴다 ·· 씨티위기로 구제금융 조기집행 급선회」, 한국경제, 2008-11-26.

을 틀어 고공행진하기 시작했고, 키코에 가입했던 중소기업들은 '환율이 범위를 벗어나면 달러를 두세 배로 사서 갚아줘야 한다는' 키코 계약조건에 따라, 줄줄이 곡소리를 내기 시작했다.

영업이익이 계속 나는데도, 환헤지 상품에 잘못 가입해서 망하는, 말 그대로 흑자도산 기업도 계속 나왔다. 예를 들어 포스코에 철강을 납품하던 한 튼튼한 코스닥 상장사는 키코에 잘못 가입했다가 결국 망했고 상장폐지됐다. 이 회사에 투자했던 수많은 개미도 피눈물을 흘렸다.

이 기업들이 키코 상품의 원리를 조금만 자세히 들여다봤다면, 그리고 지금 당장은 약간 달콤하지만, 환율이 범위를 조금만 벗어나면 망할 수 있다는 위험을 알았다면, 결코 이런 위험한 상품에 가입하지 않았을 것이다. 그리고 투자 대상 기업이 이런 상품에 가입했다는 사실을 투자자가 알았다면, 어리석게 이런 회사의 주식을 잔뜩 사지도 않았을 것이다. 고백하자면, 필자도 당시 그 주식을 샀다가 상장폐지로 돈을 날린 어리석고 안타까운 피해자 중 한 명이다.

키코 사태가 나기 얼마 전 이 주식을 추천해주셨던 분은 당시 잘 나가던 증권사의 리서치센터장이셨고, 이 분은 이후 그 대형 증권사의 대표이사 자리에까지 오른다. 훌륭한 분이지만, 그런 분들도 알기 어렵고 당하기 쉬운 곳이 바로 쩐의 전쟁터, 자본시장이다. 어쨌건 그 이후 국내 중소기업들에 키코는 저주의 단어가 됐고, 국내에서 더는 이 상품이 팔리지 않게 됐다.

금융자본의 탐욕은
결코 멈추는 법이 없다

하지만 역사는 반복되는 것일까. 마르크스Karl Marx가 얘기했듯 한 번은 희극으로, 한 번은 비극으로! 탐욕은 결코 멈추지 않는다. 호시탐탐 우리의 주머니를 노리는 금융자본은 또 그럴싸한 포장으로 상품을 내놓는다.

키코 이후 대표적으로 위험한 상품이 지난 수년간 국내 금융권을 휘저었던 ELS라는 파생상품이다. 이는 키코와 비슷하게 특정한 조건 내에서 주가지수나 상품 가격이 움직이면 금리 + 알파, 이른바 중수익을 얻을 수 있지만, 그 범위를 벗어나면 엄청난 손실(많게는 원금 전체)을 볼 수 있는 상품이다.

즉, 평상시에는 약간의 이익을 얻지만, 위기가 발생하면 크게 잃는 것인데, 금융회사들은 이 상품을 '중위험, 중수익' 상품이라고 대대적으로 홍보하면서, 저금리 시대 투자처를 찾지 못한 투자자들을 유혹해 돈을 끌어들였다. 하지만 자세히 살펴보면 ELS는 '고위험, 저수익' 상품이라 할 수 있다.

지난 2011년 이른바 '차화정 열풍'의 주역이었던 화학과 정유 업종의 주가 거품이 이듬해 꺼지면서 2014년 각각 1천억 원 규모의 ELS 투자 손실이 발생했다. 하지만 더 큰 손실은 조선, 해운업에서 나왔다. 국내 다섯 개의 주요 조선주와 해운주를 기초자산으로 한

ELS의 투자자 원금 손실 규모는 3천 2백억 원에 달했다.[2]

금융당국은 뒤늦게 ELS 상품을 점검한다, 불완전판매 단속을 한다면서 호들갑을 떨었지만, 이미 손실을 볼 사람들은 크게 손실을 본 뒤였다. 바로 이런 상품들에 당하지 않기 위해 우리는 최소한의 금융지식을 갖춰야 하고, 금융상품을 볼 때 무엇을 봐야 할지 알아야 한다.

이건 단순히 금융상품 지식으로 얻을 수 없다. 또 주류 언론이나 제도권 금융회사들도 이런 사실을 제대로 알려주지 않는다. 금융회사들은 그런 상품을 팔아서 이익을 얻는 것이 목적이고, 주류 언론들은 이들의 광고비로부터 자유롭지 못하다.

대다수 경제 전문가라는 사람들 말도 액면 그대로 믿어서는 안 된다. 증권사 애널리스트나 이코노미스트가 증권사의 이익으로부터 자유로울 수 있을까. 현재도 수많은 주식 종목 리포트가 나오지만, 이 주식이 위험하니 팔라는 매도 리포트는 가뭄에 콩 나는 것보다도 적다. 대부분이 매수하라는 리포트일 뿐이다.

거시경제 전망을 하는 사람도 마찬가지다. 대기업 계열의 경제연구소, 정부나 한국은행의 경제학자들도 이들 조직의 논리로부터 결코 자유로울 수 없다. 그들의 도덕성을 탓하는 것이 아니다. 이는 현대사회 모든 조직원의 한계다. 사실 필자도 몸담고 있는 조직의 논리에서 벗어나 자유롭게 얘기하지 못한다.

---

2 「역대 최악의 ELS 참사…조선·해운주 4000억 원금손실」, 매일경제, 2016-5-20.

하지만 돈의 원리를 이해한다면, 이런 마바라[3]들의 뜬소문에 쉽게 넘어가지 않을 수 있다. 즉, 재테크는 단순히 현재 금융상품들 중에서 수익률이 좋은 것을 찍는 것이 아니다. 재테크를 잘하기 위해서는 본질적으로 돈이 돌아가는 원리를 이해할 필요가 있다. 세상은 너무나 빨리 변하고 있고, 오늘 최고의 투자상품이 내일은 최악이 될 수도 있는 세상이기 때문이다.

돈이란 무엇인가. 질문은 간단하지만, 이 답은 간단하지 않다. 이걸 알기 위해서, 경제학 원론 교과서를 찾아 읽는 것도 좋다. 하지만, 당신이 경제학 비전공자라면 십중팔구 어려운 용어, 복잡한 개념, 골치 아픈 그래프에 질려 책을 던져버리고 싶을 것이다. 그래서 이 책에서는 현대인이 돈을 잘 굴리기 위해 꼭 알아야 할 돈의 원리와 경제 지식을 담았다.

자동차를 잘 몰기 위해 자동차 구조를 빠삭하게 모두 알 필요는 없다. 하지만 기본적인 원리를 알아놓으면, 정비소에 가져가서도 정비사들이 뭘 하는지, 나를 속여먹으려 하는 것은 아닌지 알 수 있다. 이렇게 자동차를 잘 관리한다면 고장 없이 오래 탈 수도 있다.

물론 현대사회의 복잡다단한 돈과 경제를 책 한 권으로 모두 마스터할 수는 없다. 그래서 이 책에서는 돈의 흐름을 이해하기 위한 핵심과 알짜만 담았다. 각 금융상품의 구체적인 내용은 인터넷 검색

---

3   증권사 객장에 상주하면서 뇌동 매매로 소액을 투자하는 사람을 속되게 이르는 증권가 은어. 일본어 'ま
    ばら'의 원뜻은 소액투자자.

등으로 쉽게 알 수 있다. 하지만 이 흐름을 제대로 짚어주는 정보는 드물다. 이 책의 목표는 그 흐름을 짚어주는 것이다.

AI의 주가 예측 능력에 대한 논쟁은 무의미하다

이를 위해 금융회사들이 지난 수년간 핵심적으로 팔았던 대표 상품의 문제를 먼저 짚었다. 대부분 필자가 직접 투자해보면서, 실패를 통해 깨달은 것이다. 그러다 지난해 여름 재테크 리포트를 위해 자산관리 시장을 취재하면서, 앞으로 자산관리 시장을 혁신적으로 바꾸어놓을 새로운 금융상품을 만났다. 바로 로보어드바이저다.

2016년 3월 알파고와 이세돌의 대전 때 바둑 전문가와 AI 전문가를 막론하고 대부분 이세돌의 낙승을 예상했다. 뭔가 새로운 것이 나타날 때, 대개 보통사람들은 기존의 지식과 통념에 근거해 적당히 그것을 판단해버린다. 그러니 대부분 시대의 흐름을 읽는 것을 놓치고, 기회도 놓친다. 알파고가 이세돌과 붙는다 했을 때, 일반인은 물론, 대부분 전문가라는 사람도 당연히 '이세돌이 압승할 것'이라고 예측한 것도 이 때문이다.

기존 체스 챔피언을 이겼던 슈퍼컴퓨터 왓슨 정도로 알파고를 생각했기 때문인데, 필자는 페이스북에 당시 알파고가 3 대 2로 이길 것으로 예측했다. 결과는 이보다도 훨씬 압도적으로 알파고가 4대 1로 승리했다. 필자는 초등학교와 대학 시절 상당 기간 바둑에 푹 빠져 지내본 경험이 있는데, 앞서 알파고가 유럽 챔피언이었던 프로 기사를 이겼다는 것에 충격을 받아, 이건 '이전 놈'들과는 다른 뭔가 '엄청난 놈'이라고 직감했다.

그전까지만 해도 컴퓨터 바둑은 아마 수준이었는데, 초단이건 2단이건 프로와 아마추어는 차원이 다르다. 그런데 겨우 아마 3급이니 4급이니 하던 컴퓨터 바둑이 그와는 완전히 차원이 다른 프로 기사를 이겨버렸다니, 그리고 그 논문이 바로 《네이처Nature》에 실렸다니, 이건 분명 충격적인 일이었다.

알파고의 핵심은 경우의 수를 모두 계산하는 방식이 아니라, 각 수별로 승리 확률을 집계하는데, 이를 인간처럼 스스로 하는 딥러닝 Deep Learning으로 실력을 늘린 것이다. 쉽게 말해, 모든 경우의 수를 연산하는 것이 아니라, 사람이 바둑을 둘 때처럼 바둑을 익히는데, 그 배우는 속도가 사람하고 비교할 수 없이 빠른 것이다. 이런 딥러닝, 또 패턴학습에 대한 기본적인 개념을 모른 채, 기존의 프레임대로 알파고의 연산능력만 생각하니 우주 원자 수보다도 경우의 수가 훨씬 많은 바둑에 있어서는 슈퍼컴퓨터라 해도 이세돌을 못 이긴다고 오판한 것이다.

비트코인bitcoin에 대한 사람들의 생각도 그렇다. 기존의 경제학적, 법적 논의는 차치하고서, 이 화폐의 원리를 보면, 핵심은 블록체인block chain이라는 분장원장, 또 P2P 암호화 기술이다. 사람들은 이게 수천 년간 장부에 원장을 기록해온 인류의 금융 시스템을 획기적으로 대체(적어도 보완)하는 혁신적 기술이라는 것을 모르고, 알려고 하지도 않는다. 하지만 그사이 주류 금융회사들도 블록체인 기술을 하나둘 도입했고, 블록체인 기술을 가진 회사들은 엄청나게 돈을 벌어들이고 있다.

로보어드바이저도 마찬가지다. 핵심은 로봇이 주가 상승이나 하락을 예측하는 게 아니라, 현대포트폴리오이론MPT, Modern Portfolio Thoery에 따라, 리스크를 낮추면서도 기대수익을 높여줄 수 있는, 자산의 최적 포트폴리오 조합을 찾는 것이다. 이를 과거에는 인간 펀드매니저나 PB가 한정된 경험이나 감으로 찾았다면, 로보어드바이저는 빅데이터와 머신러닝Machine Learning을 비롯한 혁신적 기술을 활용하는 것이 핵심이다.

그러니 로봇이 주가를 예측할 수 있는지에 대한 논쟁은 무의미하다. 인간이나 로봇이나 미래를 예측하지 못하는 것은 마찬가지다. 수익률을 정확히 예측할 수 있다면 포트폴리오 따위는 전혀 필요하지 않다. 뭐 하러 나눠 담겠나, 수익률 가장 높은 곳에 모든 걸 걸어야지.

예측이 불가하기 때문에, 자산을 한군데 담지 말고 서로 상관성이 높지 않은 상품들로 나눠 담으면 최적의 포트폴리오를 구성할 수 있다는 현대포트폴리오이론이 적용되는 것이다. 일반인은 물론, 금융시장에서 전문가라는 사람들도 대부분 이러한 사실도 제대로 모른 채, 한쪽에선 로보어드바이저가 헛소리라며 비판하고(실은 자신이 헛소리인 줄 모르고), 다른 쪽에선 그냥 핫hot하고 힙hip하니까 이 단어를 팔아먹고 있다.

실제 현재 로보어드바이저라고 홍보하는 서비스 중에는 기존의 시스템 트레이딩이나 알고리즘 트레이딩에 그냥 이름만 갖다 붙였지, 진정한 의미의 로보어드바이저와는 상관없는 것도 많다. 그러므로 로보어드바이저 서비스를 선택할 때는 옥석을 가릴 줄 알아야 한다. 이 책이 로보어드바이저에 대한 당신의 이해도를 높여 실제 상품 선택에 도움을 줄 수 있을 것이다.

이 책의 구성

그렇다면 이 책의 구성을 살펴보자. 돈의 흐름을 알고, 그동안 왜 실패했는지를 파악하고, 가능한 대안 중 하나로써 로보어드바이저의 정체에 대해 살펴보고자 한다.

이 책의 첫 장에서는 격변하는 글로벌 경제의 재테크 환경을 간단히 다룬다. 돈을 잘 굴리기 위해 돈이 굴러가고 있는 이 세상, 도로 사정을 간단하게 짚어보는 것이다. 당연한 말이지만 우리는 자본주의 세상에서 살고 있다. 하지만 자본주의라는 추상적인 말 속에 숨은 실제 구체적인 모습은 계속 변하고 있다. 그 변화를 인지하지 못하면 제대로 된 재테크는 불가능하다.

두 번째 장에서는 우리가 그동안 왜 재테크에 실패했는지를 돌이켜본다. 왜 실패했는지를 점검하지 않으면, 실패를 반복할 수밖에 없다. 따지고 보면 대부분 사람은 돈이 뭔지도 모른 채 투자한다. 또 각종 편향에 사로잡혀 합리적으로 판단하지 못하는 경우도 허다하다. 물론 우리의 잘못만은 아니다. 그런 우리의 주머니를 털어가려고 안달이 나 있는 금융상품도 많으니까.

그래서 세 번째 장에서는 우리를 속여왔던 여러 금융상품을 다룬다. 불행하게도 지난 10여 년간 가장 큰 인기를 끌었던 재테크 상품들이 대부분 실패로 돌아갔다. 증권사가 주로 판매한 주식형 펀드, 은행이 대규모로 판매한 ELS, 보험사가 주로 판매한 변액보험이 대표적이다.

네 번째 장에서는 현재 금융상품 중 가장 진화한 것으로 평가받는 ETF와 그 원리(액티브펀드의 종말, 패시브 투자의 의미, 낮은 수수료의 중요성)에 대해 다룬다. 액티브펀드와 패시브펀드의 차이를 구분하고 ETF의 원리를 어느 정도 이해해야 로보어드바이저의 정체를 제대로 파악할 수 있다.

다섯 번째 장에서는 로보어드바이저의 등장 배경과 기본 원리에 대해 다룬다. 이를 위해 현대포트폴리오이론에 대해 자세히 설명한다. 마음 놓고 맡기기 위해서는 로보어드바이저가 어떻게 자산배분을 하는지 그 원리에 대해 간략하게나마 알아두는 것이 좋다. 로보어드바이저의 핵심 기술이라고 할 수 있는 빅데이터와 머신러닝에 대해서도 공부할 수 있다.

여섯 번째 장은 로보어드바이저 실전 투자를 다룬다. 이 장은 세계적인 투자자 짐 로저스Jim Rogers로부터 투자를 받아 유명해진 국내 로보어드바이저 업체 파운트Fount의 도움을 받았다. 이 회사로부터 각종 데이터를 받아 실제 사례 위주로 쉽고 재미있게 설명하기 위해 노력했다. 더불어 국내외 로보어드바이저 시장 전망, 진짜와 가짜 구분법, 기존 시스템 트레이딩과의 차이점, 현재 서비스 중인 국내 상품 등에 대해서도 다뤘다. 실제 로보어드바이저 투자에 관심이 있다면 이 장을 꼼꼼히 읽는 게 좋겠다.

마지막으로 일곱 번째 장에서는 사모펀드의 진화, 블록체인 기술 등 전반적인 재테크의 미래를 다룬다. 생애주기별 투자 맞춤 전략도 소개하고 있으니 참고하면 되겠다.

또한, 일곱 개의 장 마지막에는 '생존 경제학 칼럼'을 준비했다. 이 책의 궁극적 목적이기도 한 성공적인 재테크를 위해, 알면 돈 되고 모르면 호구 되는 경제 지식을 압축해서 담았다. 금리, 환율, 주식시장, 부동산시장, 그리고 각종 위기설에 대한 필자의 해석을 더했으니, 소중한 돈을 지키고 불리는 데 참고하길 바란다.

돈이 많든 적든 돈 고민에서 벗어날 수 있는 사람은 아마 없을 것이다. 앞으로도 이 고민에서 벗어날 수는 없겠지만, 이왕 하는 고민, 더 현명하고 시의적절하게 해야 하지 않을까. 현시점에서 최선의 대안을 찾는 데 이 책이 도움이 되면 좋겠다.

차례

1장
저금리 저성장 시대와
4차 산업혁명의 엇박자

2장

우리는 돈이 뭔지도
모른 채 투자한다

3장

우리의 주머니를
털어가는 금융상품

1장

저금리 저성장 시대와
4차 산업혁명의 엇박자

"경제학자는 그가 어제 예언한 것이
오늘 왜 실현되지 않았는지 내일 알아내는 전문가다."

– 로런스 피터 –

미래의 소득으로 사는 시대

흔히들 현대를 '저금리 시대'라고 부른다. 금리가 낮다는 말인데, 도대체 얼마나 금리가 낮아졌을까. [그림 1-1]은 1991년 이후 양도성 예금증서CD의 금리 추이를 나타낸 것이다.

1991년 연 20%에 달하던 금리는 꾸준히 하락해 지난 2016년에는 1.5% 미만으로 떨어졌다. 25년 만에 금리가 10분의 1 이상 쪼그라든 것이다. 이게 뜻하는 바는 무엇일까?

금리는 돈을 빌릴 때 주는 대가代價다. 그렇다면 사람들은 왜 돈을 빌릴까. 돈을 빌린다는 것은 무슨 의미일까. 개인은 집을 사거나 차를 살 때, 또는 결혼 등 인생의 큰 이벤트를 앞두고 목돈이 필요할 때 돈을 빌린다. 그렇게 빌린 돈은 미래의 소득으로 갚아나간다. 즉, 대출이란 미래의 소득을 당겨서 쓰는 행위라고 할 수 있다.

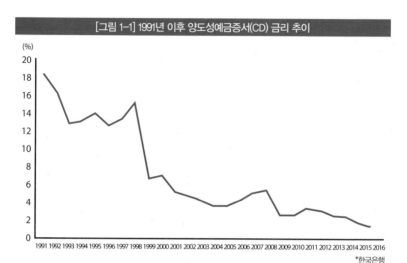

[그림 1-1] 1991년 이후 양도성예금증서(CD) 금리 추이

*한국은행

　기업도 마찬가지다. 기업은 주로 투자를 위해 돈을 빌리는데, 이 빌린 돈은 사업을 통한 미래의 수익을 통해 갚아나간다. 돈을 빌릴 때 내는 대가, 즉 금리는 미래의 수익률 전망과 대개 비례하게 된다.

　간단한 원리다. 돈이라는 것도 한정된 재화이기 때문에, 수요와 공급 원칙에 따라 가격이 결정된다. 미래의 수익률 전망이 좋을 때는 모두 돈을 빌려 투자를 하려고 한다. 즉, 돈을 빌리려는 수요가 많아지고 그렇다면 돈을 빌리는 대가인 금리가 높아진다. 그러니까 미래의 고수익이 예상될 때는 금리도 높게 마련이다. 따라서 고성장 시기에는 금리가 높다. 성장률, 수익률, 금리 이 세 가지는 대개 같은 방향으로 움직인다.

　[그림 1-2]는 우리 경제의 성장률과 CD 금리의 추이를 그래프

[그림 1-2] 성장률과 CD 금리의 추이

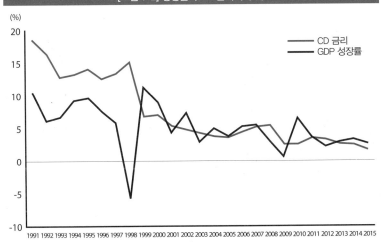

로 그린 것이다.

1998년 IMF 외환위기로 성장률이 −5% 아래로 곤두박질쳐 정상궤도를 이탈했을 때만 제외하면, 성장률과 금리는 거의 비슷한 방향으로 움직였다.

이 그래프만 봐도 알 수 있지만, 지금은 유례없는 저금리 저성장 시대다. 경제를 어설프게 공부한 사람들이 착각하는 것 중 하나가 '저금리가 무조건 좋다'는 것이다. 저금리는 돈을 빌리는 사람 입장에서는 부담 없이 빌릴 수 있으니까 당장은 좋아 보인다.

하지만 저금리는 결국 저성장 시대를 뜻하고, 이는 돈 벌 기회가 적다는 말과 같다. 개인이건 기업이건, 새로운 부를 창출할 기회 자체가 무척 한정된 상태다. 금리와 성장률 관계를 약간 더 들여다

보면, 이 둘은 단순한 비례 관계가 아니라 서로 물고 물리는 오묘한 상관관계를 갖고 있다. 서로 영향을 미치는 쌍방향bilateral 관계라 할 수 있다.

경기가 살아나면, 돈에 대한 수요가 늘어나고, 금리도 높아지고 물가가 오른다. 그러면 통화당국은 기준금리를 높여 과열된 경기를 식힌다. 금리를 높이다 보면 경기는 안정되는데, 반면 물가가 떨어지고 돈에 대한 수요도 줄어든다. 돈에 대한 수요가 줄면서 경기가 침체되는데, 그러면 다시 금리를 낮춰 경기를 되살린다.

자본주의 경기는 순환한다. 특히 1971년 금 태환 폐지 이후, 금융과 실물은 더욱 따로 놀게 됐다. 예전에는 각국이 보유한 금의 양만큼만 돈을 발행할 수 있었지만, 이제 그런 실물과는 상관없이 단지 정부의 신용만으로 무제한 돈을 발행할 수 있게 됐다. 자연스레, 금융이 실물보다 빨리 성장하는 경우가 생긴다. 돈을 찍어내는 것이 새로운 물건을 만들어서 가치를 창출하는 것보다 훨씬 쉽기 때문에, 자연스럽게 금융이 실물보다 훨씬 빨리 성장한다.

문제는 잠시는 그럴 수 있지만, 이 금융과 실물의 괴리가 과도하게 커지면 항상 버블이 생기고, 얼마 지나면 버블 붕괴로 이어진다는 점이다. 따라서 이 순환 사이클도 훨씬 과격해지게 되는 측면이 있다.

트럼플레이션과 버블

한편, 이러한 순환의 사이클 진동 폭이 커짐에 따라, 정부와 통화당국도 적절히 대응하는 법을 학습하게 됐다. 거품은 계속 발생하지만, 이에 따라 좀 더 선제적으로, 또는 좀 더 과감하게 대응해 최악의 경기침체에 빠지는 것은 막을 수 있게 됐다.

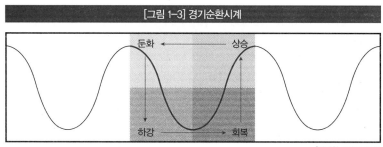

[그림 1-3] 경기순환시계

*통계청 국가통계포털

경기순환시계Business Cycle Clock는 주요 경제지표들이 순환 국면 (상승, 둔화, 하강, 회복)상 어느 위치에 와 있는지를 사분면 좌표 평면상에서 시계처럼 시각적으로 보여주는 도구다.

그런데 이렇게 사계절처럼 자연스럽게 순환하던 경제가 2008년 글로벌 금융위기 이후 오랜 저금리의 시대를 지내면서, '유동성 함정Liquidity Trap'에 빠진 것 아니냐는 우려를 불러일으켰다. 유동성 함정은 대공황 시절 경제학자 케인스John Maynard Keynes가 붙인 이름으로, 금리를 낮춰 아무리 돈을 풀어도 경제가 좋아질 전망이 보이지 않기 때문에 투자나 소비를 하지 않고 현금을 보유하려고 하는 현상을 뜻한다. 한마디로, 돈을 풀어도 돈이 돌지 않는 '저금리의 늪'에 빠진 셈이다.

1990년대 일본이 대표적인 유동성 함정의 예다. 일본은 제로금리를 수년간 지속해도, 경기가 살아나지 않고 물가도 오르지 않았다. 이런 문제를 해결하기 위해 일본은 급기야 초극약 처방인 '마이너스 금리'를 도입했다.

이른바 뉴노멀, 뉴미디오커의 시대에는 사업 전망이 보이지 않으니, 아무리 금리가 낮아도 투자를 하지 않는다. 즉, 저금리 저성장이 그냥 새로운 표준normal이자 보통mediocre의 상태로 쭉 이어지는 것인데, 이는 앞서 대공황 당시에 케인스가 명명한 유동성 함정과 비슷한 상태다. 유동성이 풍부해져도, 즉 돈은 넘쳐흘러도 별 전망이 안 보이니까, 현금 상태로만 머물고 실물로 흘러가지 못하는 것이다.

한편, 2008년 글로벌 금융위기 이후 저금리가 오랫동안 지속하면서 많이들 오해하는 것이, '돈 빌리는 것이 공짜'라는 생각이다. 하지만 경제학의 기본 원칙에서 빠지지 않는 격언이 바로 '세상에 공짜 점심은 없다'이다.

금리가 돈을 빌려 쓰는 대가이기 때문에, 돈 빌리는 비용이 줄어드는 것은 맞다. 그렇다면 영원히 저금리, 제로금리, 마이너스 금리로 가면 되지, 도대체 고민할 게 뭐가 있을까. 실제 잘나간다는 이코노미스트라는 사람 중에도 이렇게 주장하는 분이 있다. 일본이 90

년대 장기침체에 빠진 건 금리를 빨리 안 내렸기 때문이라며, 쭉 저금리를 하면 문제가 없다는 식의 주장인데, 이는 원인과 결과를 혼동한 아전인수我田引水식 해석이다.

일본 거품 붕괴는 1985년 플라자합의 이후 촉발된 엔고와 저금리에 따른 거품이 하늘 높이 치솟아 결국 터진 것인데, 저금리를 빨리빨리 안 했기 때문에 거품이 터졌다고 주장하는 것이다. 이는 마치 암 치료는 하지 않고 통증만 줄인다며 스테로이드만 계속 주사하다 보니, 암세포가 엄청 커져서 결국 수술을 안 할 수가 없게 됐는데, 스테로이드를 줄이고 암을 제거하는 수술을 하려니 왜 스테로이드를 줄이느냐고 따지는 것과 마찬가지다.

조금만 생각해봐도, 그리고 동서고금 자본주의의 역사를 보더라도, 저금리를 계속해 모두가 계속 행복할 수 없다는 건 확실하다. 빚이란 결국 미래의 소득을 당겨쓰는 행위일 뿐이다. 특히 성장하지 못하고, 소득이 늘지 못할 때는 미리 당겨쓰는 소득이 부도가 날 확률이 높다.

물론 당장 급할 때는 스테로이드건, 마약이건 우선은 살려놓고 봐야 한다. 하지만 결국 경제가 회복되려면, 기초체력을 길러야 한다. 저금리로 돈을 쏟아붓는 것만으로는 한계가 있을뿐더러 심각한 부작용도 따르기 마련이다.

저금리로 실물경기가 살아나면 좋겠지만, 실제로 민감하게 반응하는 건 부동산과 주식 등의 자산시장이다. 부동산과 주식에 돈이 몰려 자산가격만 급등하고, 가계부채는 터져 오르고, 이에 따라 양극화가 심해지면서 사회 불안마저 커진다. 한국을 비롯해 세계 많은 나라가 이런 문제를 겪고 있다. 사실 2016년 세계를 놀라게 했던 6월 브렉시트와 11월 도널드 트럼프 대통령 당선도 지나친 양극화에 대한 하위 계층의 반란이 주요 원인이라고 할 수 있다.

이러한 유동성 위기 상황을 20년 앞서 겪은 일본은 제로금리까지 도입해도 경기가 살아나지 못했고, 유럽 국가들도 하다못해 결국 마이너스 금리까지 도입했지만, 여전히 불황 터널의 끝은 보이지 않는 상황이다. 그런 와중에 2016년 11월 트럼프가 미국 대통령으로 당선이 된 뒤, 이른바 '트럼플레이션'으로 물가가 오르고, 국내외 금리가 출렁거리면서 저금리 시대가 끝나가고 있다.

그럼 앞으로는 어떻게 될까. 만약 경기가 회복되지도 못했는데 금리가 빠르게 오른다면, 무리하게 빚내서 집 산 사람들, 또 수익도 안 나오는데 무리하게 대출을 끌어서 가게를 차린 영세 자영업자들부터 직격탄을 맞게 된다. 그러니까 경기가 뒷받침해주지 않고, 그냥 저금리로 돈을 풀어 만들어낸 가계부채와 집값 급등, 인플레이션 조장은 굉장히 무서운 것이다.

억지로 끌어올려 놓으면 결국 터지게 마련이고, 대부분 뒤늦게 뛰어든 사람들과 부채 상환능력이 가장 떨어진 취약계층이 그 폭탄을 뒤집어쓰게 마련이다.

사실 상식적인 경제학자들과 언론들은 이러한 부동산 투기와 거품의 위험성을 계속 경고해왔다. 물론 부동산 부양을 통한 경제 성장도 어느 정도는 필요하다. 하지만 밑도 끝도 없이 규제를 풀고 돈만 풀어서, 집값만 부양하는 것은 너무 위험하므로 균형을 맞출 필요가 있다.

물론 이제 집값이 떨어지기 시작하면, 다들 들고 일어나서 경제 가 망한다고, 살려내라고 난리를 칠 것이고, 그러면 또 돈을 찍어내 건, 세금을 쏟아붓건, 규제를 풀건 어떻게든 부동산 경기를 살려보려 고 할 것이다. 그래서 '이익의 사유화, 손실의 사회화'는 계속 이어지 게 된다.

저축에 페널티를 매기는
마이너스 금리

저금리 저성장 현상은 한국만의 문제가 아니다. 신흥국과 선진국을 막론한 전 세계적 현상이다. 앞서 언급한 일본 외에도 유럽의 중앙 은행ECB 역시 디플레이션 위험에 대응하기 위한 조치로 마이너스 금 리를 도입했다.

2016년 12월 기준 마이너스 정책금리를 도입한 지역이 세계 GDP에서 차지하는 비중은 17.3%에 이르고, 글로벌 대출에서 차지하는 비중은 38%에 달한다.[4] 저축하면 이자를 받는 것이 아니라, 오히려 보관료를 내는 세상. 대출하면 이자를 무는 것이 아니라, 오히려 보너스를 받는 세상. 상상 속에 존재하던 세상이 조금씩 현실화되고 있다.

아직 대부분의 마이너스 금리는 중앙은행과 시중은행 사이에 적용되고, 소비자를 직접 상대하는 예금이나 대출에서는 극히 드물게 적용되고 있다. 하지만 마이너스 금리라는 상상 속의 세상이 현실이 됐다는 것은 우리가 전대미문의 환경 속에서 살고 있다는 것을 깨닫게 해준다.

마이너스 금리는 저축에 페널티를 매기는 건데, 조 단위 자산을 움직여야 하는 은행은 이를 모두 현금으로 보관할 수도 없고, 어쩔 수 없이 마이너스 금리를 적용받아야 한다. 하지만 사실 자산이 많지 않은 개인 입장에서는 저축을 안 하면 그만이니, 별 효과가 있을 리 없다.

그러므로 마이너스 금리의 효과가 제대로 나타나기 위해서는 '현금 없는 사회cashless society'가 전제조건이 돼야 한다. 현재 한국이나 북유럽 국가 등에서는 신용카드 사용액이 현금을 월등히 추월한 지 오래다. 현금 사용이 워낙 적고, 카드 한 장이면 대부분의 거래를 할 수 있는 세상이 이미 된 것이다.

현금 없는 사회는 무척 편리하고 투명한 거래도 가능하지만, 그

---

4 「해외경제포커스 2016-50호」, 한국은행, 2016.

만큼 부작용도 있다. 가장 큰 것이 프라이버시 보호가 안 된다는 것이다. 꼭 검은돈, 부정한 돈이 아니더라도 현금이 필요할 때가 있다. 하지만 현금이 사라진다면, 예컨대 아이들 용돈도 모두 전자 기록으로 남아 과세당국이 실시간으로 파악할 수 있고, 담뱃값 하려고 모아놓은 소액의 비자금도 없어진다. 무엇보다 내 일거수일투족 모든 소비 생활이 어딘가의 중앙 서버에 저장된다는 건 꺼림칙한 일이다. 만약 이게 해킹이라도 될 경우에는 모든 이의 모든 정보가 낱낱이 까발려질 위험성도 있다.

4차 산업혁명과
재테크의 미래

2020년, 나아가 2030년의 한국과 세계 경제는 어떤 상황일까. 언제든 역사적이지 않은 시절이 있었겠느냐마는, 지금 이 시대 역시 급진적이고, 역사적인 순간임이 분명하다.

이른바 4차 산업혁명이 바꾸는 우리 경제의 미래는 무엇일까. 기술 발전이 우리에게 행복을 가져다줄 것이라는 장밋빛 전망은 예전 2000년 닷컴 버블, 2008년 모바일 혁명 때에 비하면 훨씬 적은 것으로 보인다.

현재 가장 큰 우려는 '기계가 인간의 일자리를 빼앗아가면 어떡하나'이다. 특히 2016년 알파고가 이세돌에게 완승을 거둔 뒤, 사람들의 걱정과 불안이 훨씬 커졌다. 4차 산업혁명의 본질도 이 측면에서 검토돼야 한다는 목소리가 높아졌다. 단순 반복 업무를 대체해왔던 과거와 달리, AI 시대에는 고급 일자리까지도 상당수 로봇에게 빼앗길 위험성이 커졌기 때문이다.

이런 AI를 기획하고 설계하는 극소수 초고급 인력만 살아남고, 나머지 중간 기술 이하의 사람들에게는 로봇이 대체하기에도 너무 싼 저소득 일자리만 남는 것 아니냐는 공포가 있다. 이에 대해서는 단순히 기술에만 맡겨놓을 것이 아니라는 사회적 공감대가 형성되고 있다. 기본소득, 로봇세 등에 관한 논의가 대표적인 예다.

기본소득은 재산의 많고 적음이나 노동의 여부와 관계없이, 모든 사회구성원에게 기본적인 생활, 즉 먹고살 정도는 보장하는 소득을 무조건 지급하는 것을 말한다. 사실 기본소득 개념이 나온 지는 오래되었지만, 최근까지는 무슨 공상만화 같은 이야기냐며 현실성 없는 제도쯤으로 폄하되어왔다.

하지만 4차 산업혁명의 시대, 로봇과 인공지능과 3D 프린터가 인간의 일자리를 앗아가는 것이 확실시되면서부터 기본소득은 피할 수 없는 현실로 진지하게 논의되고 있다. 실제 서구 선진국에서는 스위스처럼 이미 기본소득 도입 여부를 국민투표에 부친 국가도 있고(비록 부결됐지만), 핀란드처럼 부분적으로 기본소득을 도입해 실험하고 있는 국가도 있다.

로봇세는 말 그대로 로봇에게 세금을 매기는 것인데, 역시나 처음 들으면 황당하게 받아들이기 쉬운 개념이다. 그런데 로봇이 우리의 일자리를 앗아가고 있고 부가가치를 창출하고 있다면, '로봇이라고 세금을 못 낼쏘냐'라는 주장이 힘을 얻고 있다.

로봇세는 기본소득보다도 훨씬 최신 개념인데, 2016년 유럽의회가 로봇세 도입을 위한 초안 작업에 착수하면서 논의가 처음 시작됐다. 역시 핵심은 로봇에 인격을 부여한 것. 로봇은 인간과 달리 권리도 의무도 없어 소득세를 거둘 수 없다는 반대 주장에 맞서 유럽의회는 AI 로봇의 법적 지위를 '전자인電子人, electronic person'으로 지정하는 결의안을 2017년 2월 통과시켰다.

마이크로소프트 창업자인 빌 게이츠도 2017년 2월 미국의 IT 전문지《쿼츠Quartz》와의 인터뷰에서 "인간과 같은 일을 하는 로봇의 노동에도 세금을 매겨야 한다"고 주장한 바 있다.

이처럼 세상은 우리 생각보다 훨씬 빠르게 바뀐다. 당연히 자산관리 패러다임도 바뀐다. 이 책의 5장과 6장에서 다룰 로보어드바이저는 이런 AI와 머신러닝의 시대에 리스크는 최소화하면서, 수익률은 높이는 최적화된 자산관리를 추구하는 노력이다.

물론 로보어드바이저는 일확천금, 대박과는 거리가 멀다. 사실 이런 단어들은 고성장 시대의 우리 욕망이 반영된 개념들로, 저성장 시대에는 한낱 허상인지 모른다. 저성장 시대에는 고성장 시절의 욕심을 버려야 한다.

가만히 생각해보자. 저성장 시대는 곧 저수익 시대다. 평균 수익률은 결국 우리 모두의 평균치다. 나 혼자 상위 0.001%에서, 엄청난 수익을 올릴 수 있을까? 그런 사람도 몇 명은 있겠지만, 대다수 우리는 저성장 시대에 적응하며 살아갈 수밖에 없다.

물론 최근 코스피지수와 부동산 가격이 상승하면서 높은 수익을 기대하는 심리가 커진 건 사실이다. 금리를 다시 조금씩 올릴 거라 예상하는 사람도 늘고 있다. 하지만 이런 변화가 뉴노멀이 된 저금리 저성장의 기조를 근본적으로 바꿀 수 있을지는 지금으로선 섣불리 예측할 수 없다. 그러므로 이럴 때일수록 분위기에 휩쓸려 투자에 나서는 건 위험하다. 고금리 고성장 시기든 저금리 저성장 시기든 투자의 제1원칙은 워런 버핏이 말한 대로 '절대 잃지 않는 것'이 되어야 한다.

미래는 아무도 모른다. 자본주의도 새로운 기술과 혁신적인 제도로 진화해 왔다. 앞으로도 어떻게 진화할 것인지, 혹은 반대로 퇴행할 것인지 쉽게 예측할 수 없다. 분명한 건 당분간 사물인터넷, 인공지능, 빅데이터, 머신러닝 등으로 대표되는 4차 산업혁명의 기술이 눈부시게 발전할 것이고, 이것이 사회적으로 엄청난 영향이 미칠 거라는 사실이다.

로보어드바이저 역시 이 변화의 시대에서 자산관리 부문의 핵심 플레이어 중 하나다. 이를 남들보다 조금이라도 빨리 알아두면, 분명 손해볼 일은 없다. 가장 유용한 것은 약장수나 사기꾼한테 당하지 않을 수 있다는 것이다. 원래 새로운 개념이 나오면 약장수들이 활개를 치게 마련이다. 이미 시중에는 이름만 로보어드바이저인 가짜 상품이 우후죽순 나오고 있으며, 그 숫자는 앞으로 계속 늘어날 것이다.

알 수 없는 미래를
예측하는 이유

신이 한 경제학자에게 물었다.

"소원을 하나만 말해보라. 들어주마."

경제학자가 답했다.

"1년 뒤의 《뉴욕타임스》를 주세요"

고작 신문? 더 좋은 게 많을 텐데, 왜 몇 푼 하지도 않는 종이 쪼가리를 달라고 했을까? 1년 뒤 《뉴욕타임스》만 있으면 누구나 부자가 될 수 있다. 1년 뒤 수많은 종목의 주가, 환율, 금리, 원자재 가격 등을 알 수 있기 때문에, 앞으로 많이 오를 종목이나 상품을 대출을 최대한 활용해 사놓으면 되니까.

이 얘기는 결국 누구도 미래를 정확히 예측할 수 없다는 사실을 말해준다. 누군가 미래를 정확히 알 수 있다면, 그는 오래지 않아 전 세계 부를 싹쓸이할 것이다. 그러니 경제 전문가라는 사람들이 미래를 예측할 때 얼마나 확신하는지를 살펴보자. 확신에 차 있는 사람일수록 조심해야 한다.

현재와 과거에 대한 설명 없이, "1년 후 금리가 어떻게 될 것이다", "환율은 어떨 것이다", "주가는 어떨 것이다", "부동산은 어떨 것이다"라는 식으로 확신에 차 외치는 분이 있다면, 대개는 그냥 허풍, 또는 본인만의 종교적 신념이라고 생각하고 무시하는 게 좋다.

그리고 이 사실을 꼭 기억해야 한다. 미래는 예측하는 것이 아니라, 대응하는 것이다!

경제를 보는 눈을 조금만 갖추게 되면, 어쩔 수 없이 인정하게 되는 진리다. 자신의 어설픈 예측으로 미래를 속단할 것이 아니라, 겸허하게 현실을 이해하고, 미래에 벌어지는 일들에 대응하는 것이 중요하다.

정확하지 않더라도 경제 전망을 해야 하는 이유도 바로 여기에 있다. 물론 비슷하게 맞힐 수 있으면 좋겠지만, 매번 정확히 맞히는 것은 불가능하다. 그러니까 경제 전망은 사실 미래를 정확하게 맞히는 것이 목적이 아니라, 혼돈으로 가득 찬 현실 경제 속에서 지금 우리가 어디에 있는지를 직시하고, 미래를 통찰하는 데 의의가 있다. 그래야 올바른 대응을 할 수 있기 때문이다.

이를 위해 우리는 세계 경제와 한국 경제를 자세히 파악하고,

우리를 둘러싼 경제 환경도 구체적으로 파악해야 한다. 또 무엇이 중요한 정보이고, 어떤 것이 중요하지 않은지, 즉 '신호와 소음'이 무엇인지 구분할 수 있는 지혜도 필요하다. 우리가 경제를 공부하는 목적도 여기에 있다. 또 많은 경제 전문가가 미래를 분석하는 의미도 여기에 있다. 이 과정에서 실력이 뛰어난 사람들이 현실을 보다 정확하게 인식한다.

다시 한 번 강조하지만, 예언가처럼 미래를 정확히 예측하는 것은 불가능하다. 캐나다 교육학자인 로런스 피터Laurence J. Peter가 한 다음 말을 곱씹어보자.

"경제학자는 그가 어제 예언한 것이 오늘 왜 실현되지 않았는지 내일 알아내는 전문가다."

즉, 경제 전문가는 기상 캐스터가 아닌 야구 해설가 정도로 생각하는 게 더 타당하다. 물론 야구 해설가보다도 적중률이 떨어지긴 하지만.

그런데 사실 우리가 야구 해설을 듣는 이유는 야구 해설가가 승패와 점수 전망을 족집게처럼 맞혀서가 아니다. 그보다는 다양한 정보와 배경 지식을 알려주고, 또 현장에서 취재한 내용을 통해 현재 진행되는 야구 게임을 보다 더 잘 이해할 수 있도록 도와주기 때문이다.

스포츠 신문도 마찬가지다. 어제 본 게임이지만, 오늘 아침 신문의 야구 기사를 보면 '어제 게임의 핵심이 이런 것이구나', '내가 못

봤던 이런 얘기가 있구나', '게임이 끝나고 감독하고 선수들은 이런 얘기를 했구나' 등의 다양한 정보를 알 수 있다. 이런 다양한 이야깃거리를 알면 야구를 더 재미있게 즐길 수 있고, 또 이해력이 쌓여 앞으로의 전력분석과 게임 예측도 보다 정확해진다.

야구 규칙을 모른 채 처음 게임을 본다면 당연히 어리둥절하고 재미도 없다. 하지만 규칙을 알고, 야구의 다양한 전략을 하나씩 익혀나가고, 저마다 다른 감독의 스타일과 선수들의 장단점, 또 각 구장의 특징, 팀마다 얽힌 각종 히스토리 등을 알게 되면, 야구를 훨씬 더 재미있게 즐길 수 있다.

경제 공부도 마찬가지다. 낯선 용어와 낯선 이론, 복잡해 보이는 표와 그래프 등은 보기만 해도 어렵다. 하지만 이론적으로나 현실적으로 경제가 어떻게 돌아가는지 조금씩 알고, 각종 원리를 익혀나가다 보면 조금씩 재미가 붙는다. 게다가 나와 우리 가족의 살림살이에 직접적인 도움을 줄 수 있으므로 공부할수록 더 절실해진다. 무엇보다 이런 경제 원리를 알면, 온갖 사기꾼과 경제 전문가를 자처하는 허풍쟁이, 얼치기들로부터 속지 않을 수 있다.

그러면 이 정도로 경제 지식의 의미를 짚어보고, 경제에서 중요한 지표, 그리고 현시점에서 우리가 주의 깊게 봐야 할 항목들을 살펴보자. 노파심에 한 번 더 강조하지만, '정확한 경제 전망은 불가능하다, 틀릴 수밖에 없다'는 예측 불가능성은 꼭 잊지 말길 바란다.

경제학 이론의 상당 부분은 경제에서 중요한 지표들이 어떻게 움직이는지를 설명하는 것인데, 사실 대부분은 사후에 과거의 데이터를 해설해주는 정도에 불과하다. 미래 예측을 할 수 없다는 건 말할 것도 없고, 과거의 일이라 해도 정확한 원인과 결과를 파악하기 어렵다.

한 지표에 영향을 미치는 변수가 너무나 많기 때문이다. 경제는 $y=f(x)$라는 단순한 함수로 움직이지 않는다. x라는 하나의 독립변수가 있는 게 아니라 $x1$, $x2$, $x3$ 등의 변수가 거의 무한대로 존재한다. 이 모든 변수를 다 분석해서 그 결과인 y값을 찾아내는 건 불가능한 일이다.

게다가 이런 함수가 정적으로 멈춰 있는 것도 아니다. 종속변수인 y가 다시 x에 영향을 미쳐 원인과 결과가 뒤섞여버린다. 예컨대 물가가 올라 환율이 오르면, 다시 이 환율 때문에 물가가 오르는 식으로 피드백 고리가 서로에게 물려 있다. 그리고 한 가지 원인이 때에 따라 다른 결과를 불러오기도 한다. 주가가 올랐는데 환율이 내리는 경우도 있고, 주가가 내렸는데 환율이 내리는 경우도 있다.

그러니 어떤 변수의 움직임 하나 때문에 "앞으로 경제가 이렇게 될 것이다"라고 단순하게 단정적으로 말하는 사람을 신뢰해선 안 된다. 사실 지금도 금리 인상이라는 하나의 변수를 두고 수많은 전문가가 부동산은 이렇게 되고, 달러는 이렇게 되고, 금값은 이렇게 되리라 전망하고 있지 않은가? 그렇게 단순하고 단정적인 말들이 들을 때는 '사이다'일지 모르겠지만, 실제로는 그저 무식한 말이거나 마케팅을 위한 말일 때가 많다.

그렇다고 아무것도 알 수 없으니 손 놓고 있으라는 뜻은 아니다. 공포와 탐욕을 자극하는 온갖 말들에 속아 넘어가지 말라는 말이다. 사실 이처럼 모든 변수를 다 측정할 수 없고, 그들의 상관관계를 모두 분석할 수도 없으므로 우리는 주요 변수를 보는 것이고, 어떤 변수가 중요한지, 얼마만큼의 영향을 미치는지 논쟁을 벌이는 것이다. 그리고 경제를 보는 눈이 생길수록 이런 논쟁을 통해 스스로 의미 있는 결론을 내릴 수 있다.

이를 위해 매 챕터 마지막 부분에 수록한 '생존 경제학 칼럼'을 통해 주요 지표들에 대해 하나씩 살펴보고자 한다. 경제학 교과서가 아닌 만큼, 일상생활에서 꼭 필요한 알짜 정보만 골라, 마치 막판 족집게 강사처럼 핵심만 찍는 식으로 간단히 정리해보겠다.

2장

우리는 돈이 뭔지도
모른 채 투자한다

한마디로 돈은 빚이다. 그리고 이 빚이 계속 늘어나야 경제가 돌아간다.
호황이 지속하여 버블이 생기는 것도,
버블이 터지는 것도 결국 이런 이유 때문이다.

돈이란 무엇인가

우리는 모두 눈이 벌겋게 돈을 쫓아다니지만, 정작 돈이 무엇인지는 제대로 이해하지 못하고 있다. 돈이 뭔지도 모르면서 올바른 재테크를 할 수 있을까. 간단하게나마 돈의 정체에 대해 파악하고 다음 논의로 넘어가자.

돈은 어디에서 만들어진다고 생각하는가? 단순하게 생각하면 한국은행, 또는 한국은행이 주문한 조폐공사에서 만드는 것 같지만, 사실 한국은행에서 발행한 돈은 전체 화폐의 극히 일부에 불과하다.

그렇다면 대부분 돈은 어디서 만들어지는가? 돈은 은행에서 대출을 통해 만들어진다. 이걸 신용창조 또는 예금창조라고 하는데, 이 사실을 제대로 이해하고 있는 사람이 의외로 드물다.

다음은 어느 라디오 경제 프로그램에서 진행자가 신용창조에 관해 설명한 내용이다.

> 이런 겁니다. 제가 큰형 생일에 10만 원권 백화점 상품권을 선물했는데 형
> 은 그걸 아껴서 어머니에게 드렸더니, 어머니는 그걸 또 아껴서 추석에 큰
> 며느리에게 줬어요. 그 상품권이 며칠 전 저희 집사람 지갑에서 발견됐다
> 면, 본원통화는 10만 원인데 신용은 30만 원이 창출된 거죠. 크게 보면 통
> 화량은 40만 원입니다.

이게 맞는 얘기일까? 그럴싸하게 들리겠지만, 사실 완전히 잘못
된 얘기다. 신용창조는 은행이 예금 중 일부만 지급준비금으로 남기
고 나머지 돈을 빌려줄 때 일어나는 것이지, 상품권을 그저 증여한
것만으로 일어나는 게 아니다. 이 경우엔 상품권이 여러 사람을 거
쳐 가며 이동만 했지, 신용이 생기지는 않았다.

이처럼 경제 전문가라는 사람도 잘못된 예를 들어 설명하는 경
우가 많다. 그러려니 하고 대충 넘어가면 또 한 번 잘못된 경제 상식
이 머릿속에 쌓이는 셈이다.

한국은행이 화폐를 100만 원 발행했다고 해보자. 그렇다면 시
중의 통화량은 얼마만큼 증가할까? 100만 원 발행했으니, 100만원
늘어났을까? 전혀 아니다. 신기하게도 실제 증가하는 통화량은 이것
보다 훨씬 더 크다. 은행업의 본질은 예금을 받아 대출을 해주는 것
이다. 그러니까 은행은 예금으로 받은 돈 중 일부만 지급준비금으로

가지고 있고, 나머지는 대출을 해줘 그 이자 차이로 돈을 번다.

예를 들어 한국은행이 발행한 100만 원을 김 씨가 갖게 되었다고 가정해보자. 이때 시중의 통화량은 김 씨가 가진 100만 원이다. 그런데 이 100만 원을 김 씨가 A 은행에 예금하면, A 은행은 이 중 10만 원을 지급준비금으로 남기고 나머지 90만 원을 이 씨에게 빌려준다. 그러면 이제 시중의 통화량은 190만 원으로 늘어난다.

이 씨가 90만 원을 다시 B 은행에 예금한다고 해보자. 마찬가지로 B 은행은 이 중 9만 원을 지급 준비금으로 남기고, 나머지 81만 원을 박 씨에게 빌려준다. 그러면 이제 통화량은 271만 원이 된다.

이런 식으로 예금과 대출이 꼬리에 꼬리를 물면 애초 100만 원이었던 통화량은 순식간에 열 배 이상으로도 늘어난다. 이처럼 시중의 통화량M2, 광의통화이 한국은행이 발행한 통화량M0, 본원통화 이상으로 증가하는 현상을 신용창조 혹은 예금창조라고 부른다.

이해하기 쉽게 단순화해서 설명했는데, 실제 신용창조는 어느 정도로 이뤄지고 있을까? 한국은행은 매달 중순에 2개월 전 '통화 및 유동성' 통계를 발표한다. 2016년 12월 14일에 발표한 「2016년 10월 중 통화 및 유동성」 보도자료를 살펴보자.

자료에 따르면 2016년 10월 M2는 2392조 1천억 원에 달한다. 본원통화는 한국은행경제통계시스템ECOS에 들어가서 확인할 수 있는데, 10월 본원통화는 141조 9671억 원이다(평잔, 계절조정계열).

다시 말해, 한국은행이 찍어낸 돈은 141조 9671억 원인데, 이 돈을 기반으로 신용창조를 거듭하다 보니, 시중의 통화량은 2392조 1천억 원에 달한다는 말이다. 계산해보면 약 17배쯤 되는데, 이 배수를 '통화승수'라고 한다. 시중에 돌아다니는 돈 가운데, 한국은행이 찍어낸 돈은 5.9%에 불과한 것이다.

통화승수가 높다는 건 돈이 활발하게 잘 돌고 있음을 의미한다. 본원통화를 기반으로 신용창조가 잘 이뤄지고 있다는 건 투자와 소비가 활발히 일어나서 경제가 잘 돌아가고 있음을 뜻한다.

그렇다면 지금 한국 경제는 잘 돌아가고 있는 걸까? 저금리와 유동성 확대 정책에도 불구하고 통화승수는 점점 떨어져 역대 최저 상태다. 2010년까지 24 수준이던 것이 2016년 12월에는 16.83까지 떨어졌다. 돈이 돌지 않고 있는 것인데, 이를 언론에서는 '돈맥경화'나 '자금경색'이라고 부른다.

그럼 이제 다시 처음 질문으로 돌아가자. 돈이란 무엇인가?

한마디로 돈은 빚이다. 그리고 이 빚이 계속 늘어나야 경제가 돌아간다. 호황이 지속하여 버블이 생기는 것도, 버블이 터지는 것도 결국 이런 이유 때문이다. 지금 재테크를 하고 있다면, 혹은 본격적인 시작을 준비하고 있다면, 돈의 정체가 빚이라는 사실을 절대 잊지 말자.

재테크에 대한
흔한 오해들

우리는 앞서 1장에서 금리에 어떤 의미가 있는지, 왜 경기가 나빠지면 금리를 낮추는지에 대해 알아보았다. 그리고 돈은 결국 빚이라는 것도 알게 됐다.

이제 개인들이 재테크를 할 때 흔히 하는 오해들을 살펴보기로 하자. 수많은 금융상품이 우리의 돈을 유혹하고 있는데, 그중 가장 강력한 유혹은 과거의 수익률이다. 사람들이 쉽게 넘어가기 때문에, 대부분의 금융상품 역시 과거의 수익률을 전면에 내세우는 경우가 많다. 초저금리 시대 몇 % 수익을 올릴 수 있는지를 보여주는 것은 과거 수익률밖에 없기 때문이다. 금융상품은 눈에 보이지도 않고 손에 잡히지도 않아서 다른 것을 보여주려야 보여줄 수도 없다.

하지만 투자설명서를 읽어보면 빠지지 않고 이런 문구가 등장한다. '과거의 운용실적이 미래의 수익률을 보장하는 것은 아닙니다.' 금융투자협회가 금융상품 광고에 반드시 이 내용이 포함되어야 함을 권고하고 있기 때문이다.

실제로 좋았던 실적이 고꾸라진 사례는 비일비재하다. 한 시대를 달궜던 1990년대 말 바이코리아 펀드나 2007년 인사이트 펀드 등은 이미 잊힌 지 오래다.

2015년 여름을 뜨겁게 달구었던 M 자산운용의 M 코리아 펀드

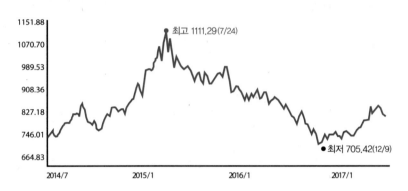

[그림 2-1] M 코리아 펀드 기준가 추이

역시 대표적인 사례다. 이 펀드는 2014년 30%가 넘는 수익률을 올리며, 2015년 최고의 히트상품이 돼 1조 3천억 원이 넘는 돈을 단숨에 빨아들였으나, 그해 여름부터 수익률이 급락해 2016년에는 최악의 펀드로 기록되고 말았다.

이 펀드가 이처럼 많이 팔린 이유는 국내 시중은행들이 열심히 팔아줬기 때문이고, 그 근거는 과거의 수익률이었다. 우리가 은행원이나 PB의 말을 걸러 들어야 할 이유다. 실제 은행은 금융회사 중에서도 가장 보수적인 곳이다. 기관의 성격 자체도 보수적이고, 그곳에서 일하는 사람도 그곳을 찾는 고객도 보수적이다.

과거의 수익률은 보수적인 조직의 상사와 보수적인 고객을 설득하는 데 특히 효과적이다. 미래의 전망은 누구도 알 수 없지만, 과거의 수익률은 확실하니까. 나중에 문제가 생기더라도 변명거리가 있으니까. 그래서 이런 실수는 시간이 지나도 또다시 반복된다.

장기투자와 희망고문

개인들이 재테크를 할 때 흔히 빠지기 쉬운 또 다른 함정은 장기투자다. 물론 괜찮은 주식을 사놓고, '언젠가는 오르겠지' 하고 장기적으로 기다리는 것은 좋다. 하지만 자신이 산 주식이 괜찮지 않은 주식이라고 생각하는 사람이 있을까. 그래서 결과적으로 처음부터 좋지도 않은 주식을 고점에 사놓고, 무작정 기다리기만 하는 사람이 넘쳐난다. 비자발적 장기투자다. 그들에게 장기투자는 희망고문일 뿐이다.

투자의 신 혹은 투자의 귀재로 불리는 워런 버핏Warren Buffett은 언제나 장기투자, 가치투자를 강조해왔다. 하지만 우리는 워런 버핏이 아니고, 쉽게 될 수도 없다. 그리고 진짜 중요한 건 투자의 기간이 아니라 좋은 주식을 고르는 눈이다. 그러니 근거 없는 희망고문에 시달리며 시간을 낭비할 필요가 없다.

그래서 손해를 보더라도 자신만의 손절매loss cut 기준을 세워두는 게 중요하다. 보수적으로 10%도 좋고, 조금 더 과감하게 20%도 좋다. 수익률 하락의 마지노선을 스스로 정하고 손절매할 수 있다면, 잘못된 주식을 사더라도 피해를 최소화할 수 있다.

하지만 생각처럼 실행하기는 쉽지 않다. 막상 이런 상황에 부닥치면 미련에 사로잡혀서 판단을 자꾸 미루게 된다. 손절매하는 순간 손실이 확정되고, 자신이 잘못된 판단을 했다는 걸 받아들여야 하기 때문이다. 또 내가 팔자마자 다시 주식이 오를 것 같다는 불안감도 스멀스멀 올라온다. 투자의 고수라고 불리는 사람들도 이런 심리에 처하는 건 마찬가지다. 손절매에는 당신이 생각하는 것보다 훨씬 더 많은 용기가 필요하다.

주식투자를 할 때 항상 손절매를 염두에 두고 있어야 하는 이유는 실제로 개인들이 투자에 실패하는 경우가 많기 때문이다. 지난 2016년 주식시장에서도 개미 필패必敗 법칙이 반복됐다.

코스콤(구 한국증권전산)에 따르면 2016년 개장 첫날인 1월 4일부터 폐장일인 12월 29일까지 개인투자자의 순매수 상위 10개 종목 평균 수익률은 -26.6%로 집계됐다. 이때 수익률은 매수 가격을 고려하지 않고 1월 2일부터 12월 30일까지 주가를 단순 계산한 결과로 개개인의 수익률은 다를 수 있지만, 추세적으로 개인들의 평균적 수익률을 참고할 수 있는 자료다.

개인투자자들의 순매수 상위 10개 종목 수익률은 지난 2015년에도 -34.5%를 기록했다. 지난해 개인이 많이 순매수한 종목은 한국전력(-11.9%), LG화학(-20.5%), 한미약품(-58%) 등이었으나 모두 성적이 좋지 않았다.

반면 기관이 많이 산 10개 종목 평균 수익률은 28.7%로 고수익을 냈다. 외국인 투자 평균 수익률도 14.2%로 코스피 상승률 3.3%를 크게 웃돌았다. 역시나 지난 2016년도 기관과 외국인이 개인의 돈을 따내 가는 시장이었다.[5]

지난해뿐 아니라, 거의 매해 이런 패턴이 반복되고 있다. 왜 항상 개인이 잃는 걸까. 시간, 자금, 정보력에서 모두 뒤지기 때문이다. 동네 아마추어 야구선수가 메이저리그에서 뛰고 있는 꼴이다.

물론 시장이 좋을 때는 일정 기간 개인들도 수익을 내지만 중장기적으로 꾸준히 좋은 수익률을 내는 개인은 극히 드물다. 개인투자자 중 최대 5%만이 중장기적으로 꾸준히 주식시장에서 수익을 내는 것으로 알려져 있다. 장기투자에 더 조심해야 하는 이유가 바로 여기에 있다.

합리적 인간은 없다

경제를 다루는 학문은 경제학이다. 그렇다면 경제학을 공부하면, 재테크를 하는 데 도움이 될까. 대다수 경제학자가 투자를 통해 돈을 벌지 못하고 계속 경제학을 연구하는 것을 보면, 투자를 통해 성공한 경제학자들은 드문 것으로 보인다.

현재 경제학의 주류는 신고전파 경제학인데, 신고전파 경제학

---

5 「2016년 증시 어김없이 개미 지옥…평균 26.6% 손실」, 뉴시스, 2017-1-1.

은 인간은 합리적이라고 가정한다. 그래서 신고전파 경제학의 많은 효용에도 불구하고, 이것이 설명하지 못하는 것들이 매우 많다. 실제 인간의 삶은 그리 합리적이지 않으니까.

이런 이유로 인간이 왜 비합리적으로 행동하고 선택하는지, 이런 비합리적인 행동이 실제 경제 현상에 어떤 영향을 미치는지 연구하는 심리학자들이 있었다. 2002년 노벨경제학상을 받은 대니엘 카너먼Daniel Kahneman 같은 인물이 대표적이다.

예를 들어 행동경제학은 주류 경제학의 기대효용이론Expected Utility Theory을 뒤집는다. 기대효용이론은 사람들이 행동의 결과가 불확실한 상황에서 결과에 대한 효용 기대치를 근거로 합리적인 판단을 내린다고 설명한다. 하지만 행동경제학은 사람은 절대적인 효용 기대치가 아니라 변화에 반응한다고 믿는다. 실제 사람들에게 더 중요한 것은 '얼마의 소득을 얻느냐'가 아니라 '얼마나 소득이 늘었냐'인 것이다. 행동경제학에서는 이를 전망 이론Prospect Theory이라고 부른다.

행동경제학은 최신 심리학과 뇌과학 등을 바탕으로 빠르게 발전하고 있다. 점점 더 많은 대중도 행동경제학에 관심을 기울인다. 행동경제학이 경제적 주체인 나 자신을 이해하는 데 많은 도움이 되기 때문이다. 특히 재테크에서는 심리적 요인의 영향이 크므로 행동경제학이 설명하는 몇 가지 원칙을 알아두는 것이 유리하다. 자신이 얼마나 비합리적인지를 알면 어떻게 행동해야 하는지 힌트를 얻을 수 있다. 이 책에서는 재테크에 도움이 되는 알짜 원칙 여섯 개만 간단히 살펴보자. 이 용어 설명은 독일 포르츠하임Pforzheim 대학교 경제학과의 하노 벡Hanno Beck 교수가 쓴 『부자들의 생각법』을 주로 참조했다.

전망 이론Prospect Theory

행동경제학 창시자로 꼽히는 카너먼과 트버스키Amos Tversky의 손실 회피 심리를 발전시킨 이론이다. 쉽게 말해 사람들은 이익보다 손해에 훨씬 민감하다는 것.

예컨대, 당신이 A 회사 주식과 B 회사 주식을 각각 10만 원에 샀다고 하자. 며칠 후 A 주식은 5만 원이 된 반면, B 주식은 15만 원이 되었는데, 갑자기 5만 원이 필요해 둘 중 하나를 팔아야 한다면 무엇을 팔겠는가?

이 상황에서 주류 경제학이 설명하는 합리적 투자자라면 주가와 상관없이, 전망이 좋은 주식은 보유하고, 그렇지 않은 주식을 팔 것이다. 하지만 실제로 사람들에게 물어보면 대부분 B 회사 주식을 판다고 답한다. 즉, 인간은 이익 실현을 손절매보다 훨씬 더 선호한다. 손실을 확정 짓는 일은 너무나 가슴이 아픈 일이기 때문이다.

이처럼 전망 이론은 인간이 합리적으로 확률을 정확하게 따지기보다, 경험이나 감정에 비춰 어림짐작하는 방법에 의존하는 경우가 많다는 것을 보여준다. 개인들이 손절매 시기를 놓치고, 가망 없는 주식을 오랫동안 보유하다가, 결국 손실이 더 커지는 사례가 많은 것도 전망 이론으로 설명이 가능하다.

인지 부조화 Cognitive Dissonance

인지 부조화란 자신이 생각하는 것과 실제 상황이 일치하지 않는 경우를 말한다. 우리는 대부분 내 생각과 실제 상황이 일치하기를 원하는데, 이 때문에 부조화가 생겼을 때 이를 없애려고 노력한다. 주가가 오를 것으로 예상하고 어떤 주식에 자신 있게 투자했는데, 예상과 다르게 주가가 하락한다. 이럴 때 우리는 내 판단과 현실이 일치하지 않아 인지 부조화를 겪게 되는데, 이때 해결책은 두 가지다. 하나는 실수를 인정하고 생각을 바꾸는 것, 다른 하나는 실수를 인정하는 대신 즐겨보던 주식 관련 방송을 보지 않고, 경제신문을 끊는 등 정보를 차단하는 것이다. 많은 경우 두 번째 방법을 통해 인지 부조화 문제를 해결한다. 물론 잠시 불편한 것을 피할 수 있을 뿐, 근본적인 해결책은 되지 않는다.

확증 편향 Confirmation Bias

확증 편향은 인지 부조화와도 연결되는 개념인데, 자기 생각에 맞는 정보는 받아들이고 그렇지 않은 정보는 무시하는 경향을 뜻한다. 자신이 어떤 회사에 투자했는데 주가가 오를 경우, 앞으로도 계속 오를 것이라고 여기며 관련 정보만 접수하는 경우가 많다.

확증 편향은 자신이 옳다는 확신을 쉽게 하게 만들고 자신과 다른 의견을 배척하거나 적대적으로 대하기 때문에 손실이 발생했을 경우 문제를 제대로 파악하지 못하게 한다.

통제 환상 Illusion of Control

하버드대학교 심리학과 교수 엘렌 랭어 Ellen Langer 가 처음 사용한 개념으로 사람들이 도박에 빠지는 이유, 복권을 사는 이유 등을 설명할 수 있다. 자신의 능력을 과대평가해 자신을 통제할 수 있다고 생각하는 태도, 또는 외부환경을 자신이 원하는 방식으로 바꿀 수 있다고 믿는 심리를 일컫는다.

자신의 상태를 객관적으로 보지 못하게 해 오류를 저지르게 하지만, 사람들이 어떤 일에 도전하게 만드는 효과도 있다. 그래서 자기 강점을 과대평가하는 우월감 환상 Illusory Superiority, 낙관주의적 편향 Optimism Bias 등과 함께 긍정적 환상으로 분류되기도 한다.

정박 효과 Anchoring Effect

어떤 상황이나 사물의 가치를 판단할 때 우리 뇌는 비교할 수 있는 기준점을 찾는다. 적당한 기준점이 없으면 주어진 정보 안에서 제멋대로 판단하게 된다. 이처럼 사실 여부와 상관없이 어떤 정보가 판단의 기준점인 닻 Anchor 이 된다고 해서 정박 효과라는 이름이 붙었다. 예를 들어 10년 전 어떤 주식을 10만 원에 샀고 이제 그 주식을 팔아야 하는 상황이라면, 사람들은 경제 상황은 전혀 고려하지 않고, 마음속으로 희망 가격을 정해놓는다. 그리고 그 가격에 도달할 때까지 갖고 있으면서 매매 타이밍을 놓친다.

많은 사람이 손실 회피 심리 때문에, 자신이 샀던 가격을 마음속 기준점으로 정해두곤 한다. 이 때문에 손실이 난 주식을 팔지 못하고, 샀던 가격까지 돌아오는 것을 하염없이 기다리다가 손해를 더 키우는 경우가 많다.

현상 유지 편향 Status Quo Bias

특별한 이익이 생기지 않는 한 행동이나 생각을 잘 바꾸지 않는 경향을 말한다. '그냥 하던 대로 하겠다'는 태도. 현상 유지 편향은 소유 효과와 손실 회피 심리와 관련이 깊다. 예를 들어 퇴직연금에 가입한 미국 직장인들은 매년 연금을 어디에 투자할지 선택하는데, 채권이나 부동산 같은 안정적인 투자를 선택할 수도 있고, 주식처럼 조금 더 모험적인 투자를 선택할 수도 있다. 투자 이론에 따르면, 젊을 때는 공격적으로 주식에 투자하다가 나이가 들면 안정적으로 투자하는 것이 바람직한데, 실제로는 70% 이상이 자기 투자 방식을 바꾸지 않는다. 처음 선택한 투자 방식이 안정성 추구이든, 모험성 추구이든 상관없이 기존의 투자 방식을 바꾸지 않는 것이다.

전문가라는 허상

다른 모든 분야와 마찬가지로 금융시장에도 전문가로 불리는 사람이 많다. 증권사 애널리스트, 이코노미스트를 비롯해 각종 기관의 경제학자가 경제 분석을 한다. 이들은 어떻게 경제 분석을 하는 것이고, 우리는 그들이 분석한 결과를 어디까지 참조할 수 있을까.

우리가 잊지 말아야 할 것은 결국 이들이 조직 논리에 의해 움직인다는 사실이다. 증권사의 경우, 주가가 오른다고 해야 사람들이 주식투자를 많이 하고, 증권사 수익도 늘어난다. 때문에 애널리스트들의 리포트는 십중팔구가 '사라'는 매수 리포트다.

매도 의견은 눈을 씻고 찾아도 찾기가 어려운데, 유독 우리나라 증권사가 심하다. 2017년 1월 10일 금융감독원이 더불어민주당 박용진 의원실에 제출한 자료에 따르면 국내 증권사가 지난 3년간 발표한 6만 5천여 건의 리포트 중 매도 의견의 리포트는 0.2%에 불과하다. 중립 의견은 5~7%, 나머지 90% 이상은 매수 의견이었다.[6]

증권사에서 경제 전반을 전망한다는 이코노미스트라는 직책도 있는데, 이들 역시 마찬가지다. 이들은 매일 국내외 경제 지표를 가지고 그럴싸한 코멘트를 하지만, 크게 참조할 만한 내용은 많지 않다. 결국, 주식이 오른다고 전망을 해야 사람들이 주식 거래를 활발히 할 것이니, 증권사로서 매수 일색의 리포트를 내는 것은 어찌 보면 당연한 일이다. 게다가 기업들과의 이해관계도 얽혀 있으므로 그들의 심기를 거스를 수 있는 매도 의견을 내는 게 현실적으로 힘들기도 하다. 한마디로 오염된 정보가 그만큼 많다는 것이니, 전문가의 의견이라고 비판 없이 받아들이면 절대 안 된다.

6 「개미 투자자 울리는 국내 증권사, 3년간 매도 의견 0.2%」, 서울신문, 2017-1-10.

경제학 박사학위를 받은 경제학자들은 어떨까. 박사학위는 특정 전공 중 아주 좁은 한 분야, 자신이 논문을 쓴 아주 좁은 분야를 깊이 공부했다는 증거일 뿐이다. 그러니까 경제학 박사라고 해서 경제학 전체에 대한 전문가는 전혀 아닌 경우가 많다. 게다가 현장 경험이 없이 오직 상아탑에서 연구만 한 학자라면 현실 세계를 전혀 이해하지 못하는 탁상공론만 하고 있을 가능성도 있다.

그러니 경제의 흐름을 공부하고 싶다면, 전문가들의 한마디에 의존하기보다 한국은행이나 한국개발연구원KDI 같은 공신력 있는 기관의 리포트를 읽는 것을 권한다. 특히 한국은행의 보고서들은 그 품질이 우수하다. 최소한 국내에서는 그 수준이 가장 높은 편이다.

물론 한국은행도 조직 논리로부터 완전히 자유로울 수는 없다. 경제 전망 역시 연거푸 틀리기도 한다. 이유 중 하나는 한국은행이나 정부는 긍정적 편향을 갖고 있기 때문이다. 이왕이면 좋게, 긍정적으로 경제를 전망하려고 한다. 어찌 보면 그럴 수밖에 없기도 한데, 그만큼 경제는 심리가 중요하기 때문이다. 낙관적 전망을 해야 경제 주체들이 기대를 가지고 경제 활동을 할 수 있다. 기업은 투자를 늘리고, 개인도 소비를 늘리고, 정부도 적극적으로 세수를 늘리는 식의 사업을 벌인다. 만약 경제가 좋지 않을 것으로 전망한다면 그 반대로 행동할 것이다. 그러니까 객관적 의미의 전망이라기보다는 '자기 실현적 기대Self-fulfilling expectation'가 작동하는 영역인 셈이다.

따라서 경제 전망을 확인할 때는 이들의 전망 수치 자체보다는 그 근거가 되는 현재 상황을 그들이 어떻게 이해하는가를 보는 것이 중요하다. 미래를 정확히 예측하는 것은 어차피 불가능하다.

게다가 실제로는 미래는커녕 현재를 읽는 것조차 제대로 하지 못한다. 투자 공부를 좀 한 사람이라 하더라도 행동경제학의 확증 편향 이론에서 확인했듯 결국 보고 싶은 것만 보고, 믿고 싶은 것만 믿는다. 전문가의 말이든 언론사의 말이든, 각종 카페와 블로그에서 쏟아지는 말이든, 자기 마음에 맞는 사람들의 이야기만 듣고 그들과만 소통한다. 그러니 가장 먼저 해야 할 일은 현실을 제대로 읽는 것이다.

아는 사람은 알고 모르는 사람은 모르는 경제 공부 이야기

지금까지 많은 자료를 보았지만 현재 한국의 경제 상황을 이해하는데 가장 볼 만하고, 추천하고 싶은 자료는 한국은행의 금융안정보고서입니다. 법정 보고 서로 1년에 두 번 발행이 되는데, 한국은행 홈페이지에서 무료로 볼 수 있고, PDF 파일도 내려받을 수 있습니다. 이 보고서를 꼼꼼히 읽고 이해하는 것만으로도, 경제와 금융에 대한 이해도를 크게 끌어올릴 수 있습니다.

과거에는 이 보고서가 1년에 두 번(6월, 12월)밖에 나오지 않아 아주 최근 상황은 알기 어렵다는 맹점이 있었는데요, 다행히 한국은행이 2017년부터는 3월과 9월에도 금융안정 상황에 대한 간략한 형식의 보고서를 내기로 했습니다. 국내외 경제 현황뿐 아니라, 그 시점에 이슈가 되는 내용들 예컨대 가계대출, 자영업 대출 등 아주 요긴한 자료들이 많으니 꼭 참조해보시기 바랍니다.

한국은행 기준금리, 어떻게 될 것인가

돈을 빌린 대가로 지급하는 사용료를 이자라고 부른다. 그리고 이 이자를 원금으로 나눈 비율이 바로 금리다. 한마디로 '돈의 사용 대가'로 이해하면 편하다.

금리 = 이자 / 원금

그렇다면 금리는 어떻게 결정될까? 자본주의 경제학의 가격 결정 이론의 핵심은 '수요와 공급'인데, 이는 금리의 결정에서도 마찬가지다.

과일이 풍작이면(공급이 늘면) 과일값이 떨어지고, 흉작이면(공급이 줄면) 과일값이 오르듯, 시중에 빌려줄 돈의 양이 많아지면 금리는 떨어지고, 반대로 빌려주려는 돈의 양이 줄어들면 금리는 오른다. 또 과일이 인기여서 사려는 사람이 많으면 값이 오르고 적으면 값이 내리듯, 시중에 돈을 빌리려는 사람이 많아지면 금리가 높아지고, 돈을 빌리려는 사람이 적어지면 금리는 낮아진다.

그렇다면 왜 금리가 중요할까? 금리의 움직임에 따라 당장 돈을 빌린 사람도, 은행에 예금해놓은 사람도 직접적인 영향을 받는다. 빚도 없고 예금도 없어서 금리와 상관없다는 분들도 실은 금리가 소비, 투자, 물가는 물론, 국가 간의 자금 이동까지 영향을 미치기 때문에, 상관이 전혀 없을 수가 없다.

앞서 설명한 대로 금리는 시장에서 결정되는 것이 기본이다. 그런데 돈은 누가 공급할까? 우리나라에서 돈을 공급하는 유일한 주체는 한국은행이다. 물론 앞서 설명한 대로 한국은행은 본원통화만 공급하고, 이를 기반으로 대출을 통해 파생통화를 만드는 것은 시중은행 등 대출기관이다.

이 중앙은행이 돈을 어떻게 공급하느냐를 정하는 것도 바로 금리다. 이 금리를 정책금리라고 하는데, 현재 우리나라의 정책금리는 한국은행 기준금리라는 7일짜리 '환매조건부채권RP 고정입찰금리'를 쓰고 있다.

갑자기 무슨 소리인지 모를 단어들이 한꺼번에 쏟아진다고 당혹스러워할 필요는 없다. 환매조건부채권, 7일짜리, 이런 것은 정확하게 몰라도 된다. 그저 한국은행이 시중은행에 돈을 7일 동안 (그러니까 단기로) 빌려줄 때 적용하는 금리라고 생각하면 된다. 시중은행이 그냥 돈을 빌리는 것이 아니라 담보로 RP라는 채권을 한국은행에 맡기고, 7일 후에 그 돈을 갚고, RP를 가져가야 하므로 환매조건부채권Repurchase Agreement이라 부르는 것이다.

이 정책금리는 매달(2017년부터는 1년에 8회로 축소, 대신 거시 금융안정상황을 점검하는 금통위가 4회 추가로 열림) 한국은행의 금융통화위원회라는 곳에서 경제, 산업 전문가들이 모여 결정한다. 결과는 세 가지 중 하나다. 인상이거나 인하거나, 혹은 동결이거나.

인상과 인하는 보통 25bp base point, 0.01%포인트라고 0.25%포인트 단위로 조정하지만, 가끔 글로벌 금융위기 같은 비상사태 때는 한꺼번에 0.5%포인트를 낮추기도 하고, 더 급하면 1%포인트를 낮추기도 한다.

한국은행이 이 금리를 조정함으로써 시장 금리도 조절된다. 쉽게 말해, 기준금리는 한국에서 돈을 찍어내는 발권기관이 시중은행에 빌려주는 금리이기 때문에, 은행 간 금리나 은행이 기업에 대출하는 금리 등은 이 기준금리를 기준으로 삼고, 여기에 각자의 마진, 즉 가산금리를 덧붙여 적용한다.

그러니 시장금리 변동을 이해하고 전망하기 위해서는 한국은행 금통위가 무엇을 보고 있고, 금리 결정을 어떻게 하는가를 이해하는 것이 중요하다. 그런데 지금은 글로벌 금융 자본주의 시대라, 돈이 전 세계에서 들어오고 나가고 있으므로 다른 나라의 금리 등에도 영향을 받는다.

전 세계에서 여전히 가장 영향력이 큰 경제 주체는 미국이다. 미국의 기준금리는 미국의 중앙은행 격인 연방준비제도FRB에서 결정한다. 이 기관 안에 있는 FOMC라는 연방공개시장위원회(우리 금통위 같은 조직)에서 지역 연준 총재들을 포함한 전문가들이 모여 결정하는 것이다. 한국으로서는 이 미국의 기준금리를 유심히 볼 수밖에 없다.

미국의 금리는 글로벌 금융위기 이후 오랫동안 초저금리로, 그러니까 제로금리까지 낮아졌다가, 천천히 조금씩 인상되고 있다.

미국 금리를 올린다고, 한국은행이 금리를 곧바로 따라 올리는

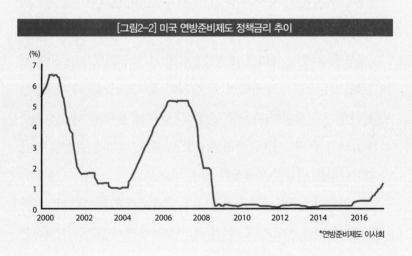

[그림2-2] 미국 연방준비제도 정책금리 추이

*연방준비제도 이사회

것은 아니다. FRB에게 미국 경제가 가장 우선순위이듯, 한국은행은 한국 경제 상황을 가장 우선으로 보고 금리 결정을 한다. 하지만 한국 경제는 미국 경제의 영향을 많이 받기 때문에 미국 금리의 영향력에서 벗어날 수 없다.

예컨대 미국이 금리를 올리는데 한국만 금리를 낮추면, 미국과 한국의 금리 차이가 줄어들고, 급기야 한국 금리가 미국보다 낮아질 수도 있다. 그러면 외국인 자금이, 특히 채권자금이 썰물처럼 빠져나간다. 미국보다 리스크가 큰 한국인데, 금리까지 미국이 높다면 그 많은 자금이 한국에 남아 있을 이유가 없게 된다.

물론 모든 자금이 그렇다는 얘기는 아니다. 앞으로 환율 전망, 주가 상승 전망 등도 변수로 작용하기 때문에 한국의 금리가 더 낮더라도, 경제 상황이 좋아서 앞으로 금리가 오르겠다거나, 또는 한국 경제가 좋아서 원화 가치가 높아질 가능성이 있다거나, 주가가 상승할 여력이 크다면 예상과 달리 자본이 덜 빠져나갈 수도 있다. 하지만 한국 경제가 지금 그렇게 좋은 상황이라고 판단하긴 어렵다.

그러니 한국은 미국보다 약간 높은 금리를 유지하는 것이 일반적이다. 미국보다 낮은 금리를 유지하기 위해서는, 외국인 자금이 크게 빠져나가지 않을 정도로 우리 경제 상황이 좋다는 자신감이 있어야만 한다.

그러므로 미국이 금리를 올리고 있다면, 한국도 금리를 올리는 방향으로 갈 가능성이 높다. 문제는 경기가 살아나서 금리를 올리는

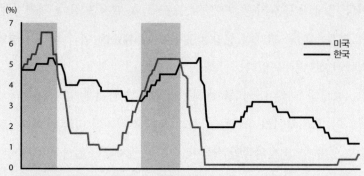

[그림2-3] 한-미 기준금리 추이 (음영 부분은 한미 간 기준금리 역전 발생 기간)

*한국은행, 블룸버그

것은 좋은데, 경기는 살아나지도 않는데 미국 때문에 어쩔 수 없이 금리를 따라 올리게 되는 경우다. 2017년 현재 한국이 처해 있는 상황이 그렇다. 올해 미국이 금리를 몇 차례 더 올린다면 한국은행의 딜레마는 더 깊어질 수밖에 없다.

금리의 움직임을 결정하는 데 또 하나 중요한 것이 물가다. 한국은행 본관 입구에 가면 '물가안정'이라는 거대한 현판이 붙어 있다. 한국은행법 맨 앞에도 '한국은행의 목적은 물가안정'이라고 명확히 규정하고 있다.

그런데 물가가 2017년 들어서서 바짝 오르고 있다. 경기가 살아나면서, 물가도 적당히 오르는 것이 바람직한데, 경기는 살아날 기미 없이 물가만 오르면 큰 문제다. 민간연구기관인 현대경제연구원은 '스태그플레이션 위기'라는 진단까지 내놓았다. 이는 소득은 오르지 않고, 일자리는 늘어나지 않는데, 오직 물가만 오르는 최악의 상황이라 할 수 있다. 보통 경기가 침체되면 금리를 낮춰 돈을 더 풀어야 하는데, 물가가 오르고 있으니 금리를 쉽게 낮출 수도 없다. 금리를 낮추면 급등하는 물가에 기름을 부을 테니까.

이처럼 현재 국내 금리에 영향을 미치는 두 가지 큰 외부 변수는 미국 금리와 물가다. 그런데 미국 금리도 오르고 있고, 물가도 오르고 있으니 국내 금리 역시 인상될 가능성이 크다. 따라서 현재로서는 금리 인상 리스크가 더 크다고 볼 수 있다.

실제 2016년 후반 이후 시중금리가 슬금슬금 계속 오르고 있다. 문제는 예금금리는 그대로인 채, 대출금리만 빠르게 오르고 있는 것. '예'금 금리와, '대'출 금리의 차이를 예대 마진이라고 하는데, 이것이 바로 은행의 기본 수익원이다. 은행 입장에서는 싸게 자금을 확보해서(예금), 비싸게 자금을 굴려(대출), 그 차익을 통해 돈을 버는 것이다. 사실 그동안 급격히 금리가 낮아지면서, 은행들의 예대 마진도 지속적으로 하락해왔고, 은행들은 핵심 수익원 감소를 수수료나 M&A 등 다른 방법으로 대체해왔다. 그런데 금리가 오를 기미가 보이니 득달같이 대출금리부터 올리고 있는 것이다. 이런 것이 은행들의 기본적인 행태라고 볼 수 있다.

어쨌건 대출금리가 빠르게 오르고 있다. 주택담보대출은 이미 5%대 금리까지 나왔다. 과거처럼 두 자릿수의 고금리 시대가 다시 오기는 힘들겠지만, 초저금리가 마냥 지속되기도 어려워 보인다.

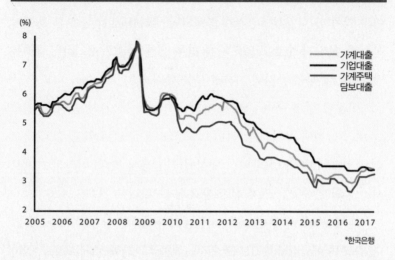

[그림2-4] 2005년 이후 금융기관 가중평균금리 추이

물론, 어떤 속도로 얼마나 오를 건지는 정확히 예측할 수 없다. 또 대개 같은 방향으로 움직이는 장기 금리와 단기 금리도 약간씩 차이가 있을 수 있다. 이 차이를 '장단기 금리 차'라고 하는데, 굳이 거기까지는 신경 쓰지 않아도 된다. 만약 주택담보대출을 받았다면 그 기준으로 쓰이는 코픽스^{COFIX}[7] 금리의 움직임을 주로 살펴보면 될 것이다.

앞으로 대출받을 계획이 있는 분들에게 가장 중요한 건, 고정금리와 변동금리를 구분하는 것이다. 앞으로 금리가 오를 것 같으면 고정금리로, 내릴 것 같으면 변동금리로 대출받는 것이 유리하다.

---

7   cost of fund index. 은행의 자본조달 비용을 반영한 주택담보대출 기준금리. 은행연합회가 매달 한 번씩 9개 시중은행으로부터 자본조달 상품 관련 비용을 취합해 산출한다. (한경 경제용어사전)

2015년 정부가 내놓은 안심전환대출처럼 아주 파격적인 조건의 고정금리 상품이 있다면 이를 잘 활용하는 것이 좋다.

정부가 파격적인 상품을 내놓은 것은 그만큼 우리나라 가계부채 문제가 심각하기 때문이다. 더구나 변동금리가 대부분이기 때문에 금리가 인상되면 가계부채 문제는 더 심각해진다. 그러면 단순히 가계뿐만 아니라 금융권에도 큰 부담이 되기 때문에 정부가 부랴부랴 미리 손을 쓴 것이다.

이런 좋은 조건의 상품이 앞으로 또 나올 수 있을지는 불확실하다. 하지만 정부의 움직임을 꾸준히 모니터하는 것은 경제를 제대로 이해하려는 사람들에게는 필수적인 일이다. 안심전환대출은 일회성 이벤트로 끝났지만, 지금도 주택금융공사에서 제공하는 대출 상품은 일반 시중은행의 상품보다 유리하다. 주택금융공사 홈페이지와 상담을 적극적으로 활용하길 권한다.

3장

우리의 주머니를 털어가는 금융상품

액티브펀드 10개 중 7개 이상은 은행 예금보다 못한 성과를 냈다.
이 통계만 봐도 장기투자를 하면 평균 이상의 성과를 낸다는 말이
거짓이라는 사실을 알 수 있다.

ELS는
머리맡의 수류탄

최근 수년간 은행, 증권사를 뜨겁게 달군 금융상품이 있다. 바로 주
가연계증권ELS, Equity-Linked Securities인데, 이름만 들어선 뭔지도 알기
어려운 이 상품이 무려 100조 원 넘게 팔렸다. 2017년 1월 현재 판
매 잔액만 100조 원이 넘는다.

　ELS라는 상품을 자세히 뜯어보면, 수익이 날 땐 시중금리보다
약간 더 먹지만, 손해를 볼 땐 왕창 잃는 구조다. 실제로 상품 출시
초기 금융시장이 안정적이었을 때 이걸로 재미를 보는 개인도 일부
있었다. 하지만 중장기적으로는 키코, 저축은행 후순위채, 동양증권
CP가 그랬듯, 결국 정보력과 자금 동원력이 약한 개인들이 깨지고
말았다.

문제는 이들 중 상당수가 은행을 통해 팔렸다는 것이다. 그것도 예금과 적금 가입을 하러 온 고객들을 대상으로 말이다. 증권사와 은행을 찾는 고객의 성향은 본질적으로 다르다. 증권사는 원래 위험을 감수하면서도 고수익을 추구하는 사람들이 주 고객이지만, 은행은 원금을 잃으면 안 된다는 보수적 예금자들이 대부분이다.

특히 2015년과 2016년 A 은행을 통해 많이 팔렸는데, 이 은행은 여러 시중은행 중에서도 가장 보수적이고, 또 서민층 비중이 높은 은행이다. 이 시기 이 은행은 ELS를 '최고의 재테크 상품'이라 홍보하며, ELS 판매를 직원들 성과에 반영하는 식으로 영업을 독려했다. 수수료를 많이 먹을 수 있기 때문일 텐데, 만약 불완전판매라도 있었다면 정말 심각한 문제다.

다음은 한 증권사가 내놓은 ELS 상품이다.

ELS 883호는 만기가 128일인 스태빌리티 노트(Stability Note)형 상품이다. S&P500지수가 하루 동안 10%를 초과해 하락하지 않으면 연 2.80%의 수익을 제공한다.

조건을 달성해도 기껏 연 2.8% 수익에 불과하다. 그런데 조건 달성에 실패하면 원금을 모두 날리는 구조다. 물론 하루 만에 S&P500지수가 10% 넘게 하락할 가능성은 극히 낮다. 하지만, 확률이 낮다고 해서, 그 사건이 발생하지 않는 것은 아니다. 이런 상품을 언론들은 '중위험, 중수익'이라고 포장해 판매하고 있다. 과연 중위험이 맞고, 중수익이 맞을까?

예상대로 손실이 날 확률이 아주 낮긴 하다. 웬만하면 연 2.8%를 받을 수 있다. 물론 만기가 1년이 아닌 128일이기 때문에 세전 0.981917% 수익을 낼 수 있다. 하지만 S&P500지수가 장중 전일 종가 대비 10% 이상 빠진다면, 그때부터 무지막지한 손실이 발생하고, 전일종가 대비 20% 이상 빠지면 원금을 완전히 잃게 된다. 다시 말해 이건 복권이나 보험과 정반대의 금융상품인 셈이다.

복권이나 보험은 잃을 확률이 대부분이지만 그 액이 소액이고, 수익을 낼 확률은 극히 낮지만 따면 크게 딴다. 필자도 가끔 5천 원어치 로또를 산다. 안 될 것을 잘 알지만, 이게 생계에 큰 지장이 있을 정도는 아니니까 그저 재미로, 또 사회공헌이라 생각하고 사는 것이다. 보험도 원리는 비슷하다. 매달 몇 만 원 내면, 예기치 않은 사고나 질병으로 사망하거나 중증 장애인이 될 때, 치료비나 큰돈을 받을 수 있다.

즉, 일정 부분 손실이 있고 수익을 낼 확률은 극히 낮지만 만약을 기대하며 사는 것이 복권이고, 마찬가지로 일정 부분 비용이 들고, 보험금을 받을 확률은 낮지만 만약의 위험에 대비해 드는 것이 보험이다. 이와는 반대로, 키코나 ELS 같은 상품은 수익을 낼 확률이 대부분이라고 하지만, 그 수익은 은행 이자보다 약간 높은 정도의 소액이고, 잃을 확률은 낮지만 크게 잃게 된다. 굳이 2.8%짜리 ELS 상품을 들어야 할 필요가 있을까. 당시 지역농협에서는 연 2.6% 적금 상품을 팔았다. 이건 5천만 원(원금+이자)까지는 국가가 보증하는 예금자 보호도 된다.

그런데 이 2.8%를 먹기 위해, 적은 확률이라지만 원금 전체를 잃을 불안감을 계속 가지고 있어야 할까? 실제 상품설명서에도 '초고위험'이라고 쓰여 있는데, 그런 위험성에 비해 얻을 수 있는 이익은 너무 미미하다.

2013년 현대중공업, 삼성중공업 등 개별 종목 주가를 기반으로 한 ELS가 대규모 손실로 판정이 나자, 이후 금융회사들은 지수를 기반으로 한 ELS가 안전하다면서 대대적인 판매에 나섰다. 물론 전체적으로 지수형 ELS가 종목형 ELS보다 변동성은 적다고 할 수 있지만, 그렇다고 절대 안전하다고 마음 놓을 순 없다. 2016년 1월에만 해도 중국 상해 증시가 하루 7% 넘게 폭락했다. 2015년 ELS 가입자들을 공포에 떨게 한 홍콩H지수의 급락 건도 있다. 지수형 ELS라도 그렇게 안전하지 않다는 얘기다.

이처럼 ELS에 대한 불안감이 커지자 이후 원금보장형 ELS 상품이 대규모로 등장했다. 본질적으로 주가연계예금ELD, Equity Linked Deposit과 같은 상품인데, 원금 대부분을 국공채에 투자해 원금을 보장받고, 그중 극히 일부(요새 이자가 워낙 싸니 1~2% 정도의 소량)를 옵션에 투자한다. 당연히 이 상품은 기대수익률이 훨씬 낮다. 시중금리 + 알파라 확률에 따라 다르겠지만 2~3% 정도의 적은 수익을 목표로 삼는다.

문제는 이 상품들의 경우 수수료가 상당히 비싼 데다(명목상 표시는 안 되지만 판매, 운용 수수료 등이 상품 속에 녹아들어 있는 경우가 많다), 조건도 까다롭고, 중도 환매할 때는 원금 손실을 볼 수도 있다는 점이다. 원금 보장형 ELS라고 해도 수수료와 중도 환매까지 꼼꼼히 따져보면 실질적으로는 원금 보장이 안 될 수도 있다.

그렇다면 이쯤에서 금융회사들이 주력해서 파는 상품이 어떻게 바뀌었는지 점검해볼 필요가 있다. 사실 2008년 글로벌 금융위기 이전에는 온갖 국내, 해외 주식형 펀드가 엄청나게 팔렸다. 증시가 좋았기 때문에 사람들이 모여들었고, 금융회사는 과거 수익률을 내세워 더 많은 펀드를 팔 수 있었다.

하지만 2008년 글로벌 금융위기를 겪으며 분위기 좋았던 펀드들 대부분이 대규모 손실을 입게 된다. 그렇게 인기가 좋았던 펀드가 이제 외면받기 시작한 것이다. 그래서 금융회사에서 대안으로 내세운 것이 바로 ELS다. 물론 ELS 상품이 나온 것은 한참 전이지만, 은행과 증권사들은 이 시기부터 본격적으로 ELS 판매에 나서기 시작한다. '중위험, 중수익'이라는 그럴싸한 말을 마케팅 포인트로 삼은 채.

이 시기에는 우량 주식을 기초자산으로 삼은 종목형 ELS가 주력이었다. 그러나 우량주식이라고 하는 STX, 현대중공업, 삼성중공업 같은 종목들이 박살이 나며 종목형 ELS가 외면을 받자, 금융회사는 다시 지수형 ELS를 대대적으로 홍보한다. 그리고 앞서 설명한 것처럼 지수형 ELS도 불안하다는 것이 알려지자 다음 대안으로 원금보장형 ELS를 팔기 시작하는 것이다.

이 간단한 흐름만 봐도 금융회사에서 대대적으로 홍보하는 상품이 얼마나 위험한지 잘 알 수 있다. 운이 좋으면 상승 흐름을 타고 많은 수익을 올릴 수도 있지만, 그 흐름은 언제든지 반전될 수 있다. 흐름이 반전되면 금융회사는 다른 상품을 팔면 그만이다.

금융상품과 금융시장을 감독해야 하는 금융당국은 항상 그렇듯 뒤늦게 ELS에 제동을 걸었다. 임종룡 금융위원장은 문제가 터지고 나서야 "ELS 발행 모니터링을 강화하겠다"[8]고 했고, ELS 발행량이 폭증한 후에야 ELS 투자 주의보가 나왔다.

ELS 자체의 위험성 못지않게 또 하나 주의해야 할 것이 있다. 바로 증권사나 투자은행이 자신들의 손실을 막기 위해, 다시 말해 투자자들에게 손실을 떠넘기기 위해 악의적으로 시세를 조종하는 일이 비일비재하다는 것이다. 워낙 복잡하고 교묘하게 이뤄질뿐더러, 제대로 관리 감독도 처벌도 안 되는 실정이므로 투자한 개인이 정신을 바짝 차리는 수밖에 없다.

2007년 한국투자증권이 발행하고 도이치은행이 운용한 '한투 289 ELS'라는 상품이 있다. 이 상품은 삼성전자와 KB금융 주식을 기초자산으로 삼고 이들 주가가 일정한 범위에 있으면 수익을 지급

---

8   「파생시장 경쟁력 제고방안」, 금융위원회, 2016.

하고 그 범위를 벗어나면 원금 손실이 일어나는 구조였다. 그런데 2009년 도이치은행이 이 상품의 만기일 직전 KB금융 주식을 대량으로 매도했고, 그 결과 주가가 급락해 수익 지급 범위를 벗어난 것이다. 이 때문에 투자자들은 25%나 손실을 보았고, 도이치은행을 대상으로 소송을 제기했다.[9]

  2012년 제기된 소송은 2017년이 돼서야 마무리되었는데, 다행히 손해를 입은 투자자들이 승소해 억울하게 빼앗긴 원금과 수익금을 모두 돌려받을 수 있게 됐다. 집단소송제도[10] 도입 12년 만에 첫 승소라고 하니 그동안 얼마나 많은 투자자가 이런 비슷한 조작 사례에 당해왔는지 짐작할 수 있을 것이다.

파생상품,
하우스만 돈을 버는 게임

파생상품은 특정한 기초자산(주가, 유가, 환율, 금리 등)의 가치 변화에 따라 그 가격이 정해지는 금융상품이다. 한국은 파생상품 시장이 과도하게 커서, 2001년부터 2011년까지는 세계에서 파생상품 거래량이

---

9 「도이체방크 ELS투자자 집단소송 첫 승소」, 매일경제, 2017-1-20.
10 피해자가 여럿인 민사 사건에서 모든 피해자가 소송을 내지 않더라도 피해자 대표(대표 원고)가 소송에 이기면 다른 피해자들도 배상을 받도록 한 제도. 미국 등에선 적용 범위가 넓지만 우리나라에선 2005년부터 '소액 투자자 보호' 목적으로 증권 분야에만 제한적으로 도입했다.

가장 많은 나라일 정도였다. '카지노 자본주의'의 단면을 그대로 보여주는 대목이다.

금융위원회 역시 파생상품 시장이 투기판이 되어버렸다고 진단했고, 2012년부터 본격적인 규제에 나서기 시작했다. 그 결과 현재는 거래량이 세계 12위 수준으로 많이 위축되었다. 파생상품은 도박과 유사하다. 일종의 '제로섬 게임Zero Sum Game'으로 누군가가 돈을 벌면 누군가는 돈을 잃는다. 물론 거래 수수료가 있으므로 실제로는 '마이너스섬 게임Minus Sum Game'이다.

아직 이해가 잘 안 된다면 주식과 비교해보는 것이 도움이 될 것이다. 주식은 기업 가치를 보고 투자하는 것이기 때문에, 기업의 실적이 좋아지고 주식이 오르면 그 주식에 투자한 모든 사람이 돈을 벌 수 있다.

반면 국내 파생상품 시장의 98%가량을 차지하는 코스피200 옵션에 투자한다고 가정해보자. 이때에는 오직 코스피200지수가 오르는지 떨어지는지에만 베팅하는 도박이 된다. 여기에는 내가 번 만큼 잃은 사람이 있고, 내가 잃은 만큼 번 사람이 있다. 더구나 원금의 10분의 1 혹은 원금의 20분의 1로도 투자할 수 있으므로 레버리지 효과도 강하다.

물론 파생상품이 금융시장에 도움이 되는 측면도 있다. 자본시장으로 많은 돈을 끌어들일 수 있고, 이게 실제 산업 현장으로 흘러들어가 실물경제에도 도움을 줄 수 있다. 그리고 꼭 파생상품이 아니더라도 투기는 자본시장의 본질이고, 그 적절한 투기 심리가 경제를 발전시키는 마중물 역할을 하기도 한다.

문제는 인간의 탐욕은 적당한 선에서 절대 멈추지 않고, 항상 과도하게 흘러 제어할 수 없다는 것이다. 투기판에 가까워질수록 자본시장엔 거품이 끼게 되고, 이런 자본시장의 논리에 무지한 많은 투자자가 큰 손해를 입고 만다.

액티브펀드의 종말

영화 「부산행」에서 주인공 공유의 직업은 펀드매니저다. 기차에서 만난 마동석은 공유의 직업이 펀드매니저라는 얘기를 듣더니 그를 '개미핥기'라고 비꼰다. 개미투자자를 등쳐 먹는 인간이라는 경멸적 의미다.

펀드매니저는 지난 20여 년간 굉장히 선망받는 직업 중 하나였다. 하지만 앞으로도 계속 그럴까 물으면 회의적인 대답이 많다. 이제 펀드매니저는 사양산업에 접어들었다고 봐도 좋을 것 같다. 펀드매니저들의 의도와는 상관없이, 그들이 과연 고액연봉을 받을 만큼 성과를 낼 수 있는지에 대한 본질적인 회의가 들고 있기 때문이다.

금융투자협회 홈페이지에 가면 펀드 수익률이 공시돼 있다. 이 중 '국내 주식형 펀드' 5년 수익률을 보면 5년 수익률이 집계되는

506개 펀드 가운데 5년 수익률이 제로 이상인 펀드는 375개, 5년 수익률이 10% 이상인 펀드는 236개에 불과하다(2017년 1월 9일 기준). 연이율이 2%인 예금금리만으로도 5년 수익률은 10%가 나온다. 그러니까 5년 수익률이 10% 미만인 상품은 은행 예금만도 못한 수익률로 액티브펀드의 가치가 전혀 없다고 할 수 있다.

게다가 액티브펀드 안에는 연평균 2%의 판매 및 운용수수료까지 녹아 있다. 그래서 은행 금리 이상의 수익률을 내려면, 연평균 최소 4% 이상의 수익률, 5년 기준으로는 24% 이상의 수익률을 내야 은행 예금보다 조금이라도 이익을 냈다고 할 수 있다. 복리로 투자해 1년에 4% 수익을 내면, 5년 후는 20%가 아니라 24% 수익을 내게 된다. 1년 후 원금과 수익금을 다시 투자해 원금이 계속 커지기 때문이다. 예컨대 1년 수익률이 5%이고 10년을 투자한다고 가정할 때, 단리 수익률은 $10년 \times 5\% = 50\%$이지만, 복리 수익률은 $(1+0.05)^{10} - 1 = 0.629 = 62.9\%$ 가 된다. 이자에 이자가 붙기 때문에 수익률은 훨씬 커진다. 이를 '복리의 마법'이라고 한다.

이 기준을 맞춘 펀드는, 다시 말해 은행 예금보다 수익률이 좋은 펀드는 506개 중 143개에 불과하다. 액티브펀드 10개 중 7개 이상은 은행 예금보다 못한 성과를 냈다는 얘기다. 이 통계만 봐도 장기투자를 하면 평균 이상의 성과를 낸다는 말이 거짓이라는 사실을 알 수 있다. 실제 많은 투자자가 이 사실을 깨닫게 되면서 액티브펀드를 외면하고 있다.

'펀드매니저가 시장을 이길 수 있을까?'라고 하는 문제는 역사적인 자본시장 발달 과정과도 연관이 깊다. 1970~2000년대는 액티브펀드 운용이 우세한 시기였다. 이 시기에는 대표적으로 미국을 비롯한 세계 경제의 높은 성장률을 발판으로 몇몇 개인투자자들이 엄청나게 높은 수익률을 낼 수 있었다. 우리가 전설적인 투자자라고 부르는 짐 로저스, 워런 버핏, 조지 소로스 등이 모두 급격히 성장하는 시대에 자신만의 통찰력과 운용 능력으로 막대한 수익을 냈다.

하지만 그처럼 경제 성장이 빠른 시절에도 평범한 개인투자자는 아주 소수만이 꾸준히 수익을 내서 성공할 수 있었다. 정확한 통계를 내기는 어렵지만, 대략 전체 투자자의 5% 미만의 개인만이 중장기적으로 주식시장에서 수익을 내는 것으로 알려져 있다.

하지만 지금은 저금리, 저성장, 저수익 시대다. 시장이 한창 좋아 연 30% 수익을 낸다면, 2~3% 수수료가 아까울 게 전혀 없다. 하지만 기껏 연 2% 수익을 내는데, 수수료로 2%를 낸다면, 남는 것이 하나도 없게 된다. 저금리, 저성장, 저수익 시대, 액티브펀드로 수익 내기가 더욱 어려워지는 이유다.

액티브펀드가 성공하기 어려운 또 다른 이유는 투자자와 관리자 간의 이해관계가 다르기 때문이다. 쉽게 말해 우리의 이해관계와 펀드매니저의 이해관계가 다르다. 남의 돈이기 때문에 회전율을 높여서 단기성과를 내는 것이 중요하지, 중장기적인 수익은 별로 중요하지 않기 때문이다. 경제학에서는 이를 '주인-대리인 문제'라고 부른다.

물론 펀드매니저도 높은 수익률을 내기를 원하지만, 그렇다고 자기 돈처럼 귀하게 여기지는 않는다. 또 수많은 고객의 리스크와 수익 선호도를 모두 맞춰줄 수도 없다. 당장 중요한 것은 결국 단기 성과이기 때문에 중장기적인 계획은 제대로 짜볼 여건 자체가 안 되는 것이다.

은행 PB 말을 믿어서는
안 되는 이유

하나은행이 외환은행을 합병하기 전까지 10년 이상 국내 1등을 지킨 은행은 국민은행이었다. 과거 서민 금융을 주로 취급하던 국민은행과 주택금융시장이 발달하기 전 주택금융을 독점하고 있던 주택은행이 합병해 만들어진 게 오늘날의 국민은행이다. 합병 초기만 해도 규모는 국내 최대였지만, 그 속을 뜯어보면 서민을 주 고객으로 삼고 있던 터라 수익성이 크게 높아 보이지는 않았다.

그랬던 국민은행이 강남 부자들을 끌어모으겠다고 만든 PB 브랜드가 골드앤와이즈Gold & Wise다. 알란 파슨스 프로젝트The Alan Parsons Project의 명곡 「Gold and Wise」를 패러디한 것이 분명해 보이는 이름의 이 PB 점포들은 기존 국민은행과는 다르게, 함부로 문을 열고 들어설 수 없을 정도로 모든 게 럭셔리해 보였다.

사실 PB 지점에 공을 들인 건 다른 은행도 마찬가지다. 회현동 우리은행 본점 18층에는 PB 센터가 있는데, 이곳은 과거 우리금융 지주 회장이 쓰던 집무실이었다. 남쪽으로는 남산, 북쪽으로는 서울 도심을 내려다보는 최고의 전망을 가진 사무실이다. 현재 이 PB 센터에는 과거 씨티은행이나 국내에서는 철수한 HSBC 같은 외국계 은행 출신 PB들이 여럿 근무하고 있다.

그런데 정말 이 멋진 곳에서 근무하는 PB들 말을 들으면 돈을 벌 수 있을까. 이들의 자산운용에 정말 남다른 비법이 있는 걸까. 물론, 이 방면으로 다양한 경험과 지식을 갖고 있으므로 보통 사람들보다는 낫겠지만, PB들의 조언을 듣는다 한들 금융자산이 수십억, 수백억에 이르는 고액 자산가들처럼 우리가 높은 수익을 내기는 어렵다.

그 이유가 무엇일까? 사실 PB들이 제공하는 가장 중요한 서비스는 자산운용이라기보다는 부동산, 상속, 증여, 절세 등의 컨설팅 업무라고 할 수 있다. 고액 자산가들에게 중요한 건 역시 재산을 지키는 일이기 때문이다.

한번은 어느 PB가 라디오 방송에 나와서 개인들이 재테크에 실패하는 이유는 "장기투자를 하지 않아서"라고 말했다. "5년 이상 장기투자하면 펀드에서 수익을 낼 수 있다"고 덧붙였는데, 앞서 살펴보았듯이 액티브펀드 10개 중 7개는 5년 수익률이 은행 예금금리 수준에도 못 미쳤다.

이처럼 '장기투자 불패'가 허위라는 것은 자료로 증명된다. 금융투자협회 홈페이지에 가서 국내 주식형 펀드의 수익률을 실제 계산해보자. 금융 전문가라는 사람들의 말을 그대로 믿지 말고, 본인이 직접 확인해보는 습관을 기를 필요가 있다.

우리나라 은행은 PB의 금융자문 서비스에 대한 대가를 받지 않는다. 그렇다면 무엇으로 수익을 얻을까. 고액 자산가들의 돈을 맡아 그걸로 금융상품에 가입하고 거기서 나온 수수료를 수익으로 삼는다. 그런데 놀랍게도 이런 수수료 수익을 감안하더라도 대부분 PB는 적자 상태로 운영된다고 한다.

다시 말해 서민 고객들에게 각종 수수료로 푼돈을 받아, 부자들에게 보조금을 주고 있는 비즈니스다. 일종의 스타 마케팅 혹은 후광효과Halo Effect 같은 것으로, 부자들이 자기네 은행을 많이 이용하고 있다는 것만 보여줘도 마케팅 효과를 얻을 수 있기 때문이다.

아는 사람은 알고 모르는 사람은 모르는 **경제 공부 이야기**

-------------------------- --------------------------

자본주의 비즈니스가 대부분 그렇지만, 은행은 비즈니스 모델 자체가 '부익부 빈익빈'입니다. 즉, 가난하거나 규모가 작은 신생 기업은 리스크가 높으므로 높은 이자를 물어야 조금의 돈을 빌려주고, 돈이 많은 대기업은 리스크가 낮다는 이유로 싼 이자로 큰돈을 빌려줘, 더 큰돈을 벌게 해주지요.

이걸 금융업에서는 고상한 말로 '리스크 관리'라고 합니다. 하지만 리스크 관리는 본질적으로 '강자에게 혜택을 몰아주고, 약자에게 부담을 지우는' 방식이기 때문에, 부익부 빈익빈을 심화하고 결국 경제 전체에 부담을 줍니다. 그래서 요새는 개별 은행이나 경제 주체들의 이익을 극대화하도록 놓아두면 안 된다는 이유로 '거시건전성 감독'이라는 개념이 도입됐습니다.

약간 어렵게 들리는 단어지만, 겁먹을 필요 없습니다. 거시건전성 감독은 말 그대로 금융 시스템 전반의 건전성을 감독한다는 것입니다. 예를 들어, 경제위기 상황이 되면 개별 은행들은 리스크가 큰 개인과 기업의 대출금부터 회수하려고 하는데요, 개별 은행 입장에서는 이게 바람직한 선택이겠지만, 모든 은행이 이렇게 대출을 회수해버리면 경제위기는 더욱 심해져 모두 망해버릴 수 있습니다. 실제 2008년 글로벌 금융위기 당시 많은 은행이 이처럼 대출 회수에 나서면서 전 세계적으로 신용경색 상황에 빠졌고, 금융위기는 훨씬 심화됐습니다.

이런 일들에 교훈을 얻어, 전 세계 중앙은행과 금융감독기구들이 전체 금융 시스템을 감독하는 거시건전성 감독 개념을 들고 나온 것입니다. 이와 관련해서는 한국은행에서 나온 『한국의 거시건전성정책, 2015』라는 자료를 추천합니다. 이 자료를 보면 금융위기의 원인에 대한 간단한 개요와 LTV, DTI 도입에 대한 배경 등을 이해할 수 있습니다. 책 대부분은 재미가 없고 은행업 종사자가 아니면 별로 알 필요도 없는 내용이기 때문에, 그중 중요한 부분만 골라 읽으셔도 됩니다. 인터넷에서 무료로 파일을 받을 수 있고, 종이책도 저렴한 가격으로 구입하실 수 있습니다. 한국은행 전자도서관 사이트 dl.bok.or.kr에서 '한국의 거시건전성정책, 2015'를 검색하시면 됩니다.

변액보험과 저축성 보험은
재테크의 적이다

보험사가 주력으로 판매하고 있는 상품 중에 변액보험과 저축보험이 있다. 결론부터 얘기하자면, 재테크를 위해 이 두 상품은 거들떠보지도 않는 게 좋다. 상속이나 절세를 위해 군이 필요한 경우도 있겠지만, 본질적으로는 이 두 상품은 재테크에는 도움이 되지 않는다. 1년에 약 10%씩 떼어가는 사업비 때문에, 아무리 운용을 잘해도 구조적으로 이들 상품으로는 돈을 벌 수 없다.

필자는 중장기투자를 하면서 변액보험으로 돈을 번 사람이 있나 오랫동안 찾아다녔는데, 결국 단 한 명도 찾지 못했다(혹시 변액보험 투자로 중장기적으로 수익을 올린 분이 있다면 제보 부탁드린다). 변액보험은 가입자가 낸 보험료에서 사업비와 위험 보험료를 떼고 남은 돈을 투자한다. 예컨대 변액보험에 보험금 1천만 원을 넣었는데, 5년 뒤 수익률이 20%였다고 하면, 가입자는 1천 2백만 원을 탈 것으로 기대한다. 하지만 실제 받는 돈은 원금 1천만 원도 못 받는 경우가 허다하다. 사업비와 위험 보험료가 15%나 되고, 남은 돈으로 투자해 얻은 이익에서 다시 2%를 해지 공제하기 때문이다.

보통 변액보험은 가입 후 10년까지 모집수당 등 사업비가 나가고 해지 공제도 있어 단기간에 해지할 경우 손해가 크다. 실제로 금융감독원의 생명보험사 변액보험 상품 표본 조사한 결과에 따르면 변액보험의 원금을 보장받기 위해서는 8~13년 정도의 기간이 걸리는 것으로 나타났다.

그런데 변액보험의 유지율을 살펴보면 1년 83.2%, 2년 67.9%, 3년 60.1%, 4년 52.4% 등으로 7년을 유지하는 비율이 29.8%에 불과했다. 결국, 대부분의 가입자가 원금도 회복하기 전에 계약을 해지해 손실을 보고 있는 것이다.

변액보험의 수익률 또한 기대에 못 미치는 것으로 나타났다. 생명보험협회에 따르면 2005년~2006년 설정 후 10년이 지난 국내 주식형 펀드에 투자하는 변액보험 수익률(누적)은 지난 2016년 3월 기준 대부분 마이너스를 기록하고 있다.

2005년 설정된 국내 주식형 펀드의 경우 지난 2016년 5월 기준 플러스 수익률을 기록한 펀드는 총 23개 중 11개로 절반 가까이 되지만, 이마저도 최고 수익률은 3.64%에 그쳤다. 플러스 수익률을 냈다고 한 펀드의 상당수가 0~1%대에 불과했다. 10년이 지나도 원금에 못 미치는 해약환급금을 받을 수밖에 없는 이유다.

보험사들이 발표하는 공시수익률은 고객들이 낸 보험료에서 사업비를 제외한 뒤 실제 펀드에 들어가는 돈을 기준으로 수익률을 계산한 것이다. 사업비 등으로 나가는 돈이 8~15%는 되기 때문에 이보다 높은 수익률을 내야 원금이라도 건질 수 있다.

저축보험도 마찬가지다. 저축보험의 첫인상 역시 공시이율 때문에 매력적으로 보인다. 보험사들은 저금리 시대인 지금, 연 3%대의 공시이율을 강조하며 저축성보험을 판매한다. 이른바 '목돈 마련 재테크' 상품이라는 것이다. 지난해 6월 한국은행이 기준금리를 내려 연 1.25%의 사상 최저 금리가 된 이후 이런 '유혹 마케팅'은 더 심해졌다.

문제는 보험사들이 공시이율의 실체를 정확히 알려주지 않는다는 점이다. 단지 저금리 시대 최고의 투자처라고만 포장한다. 자세히 살펴보면 공시이율은 연간 이자율과는 전혀 다른 개념이다. 변액보험과 마찬가지로, 적립금(보험료) 전액에 적용되는 금리가 아니라 보험료 중 사업비와 위험 보험료(사망, 질병 등을 보장하는 데 드는 보험료)를 뺀 나머지, 즉 저축 보험료에만 적용된다.

생명보험협회에 따르면 가입 기간 7년 미만인 저축성 보험의 경우 보험료 10만 원 중 8만 7천 원~9만 2천 원에만 공시이율에 따른 이자가 붙는다. 나머지 보험료에는 이자가 없다. 뿐만 아니라 공시이율은 다달이 바뀐다. 저금리가 지속하면서 지난 수년간 계속 떨어져왔다. 그러니까 실제 모습은 매달 달라지지만, 소비자는 첫인상의 환상 속에 있는 셈이다. 뒤늦게 공시이율이 전체 보험료에 온전히 적용되지 않는다는 점을 깨닫고, 또 그마저도 이율이 계속 떨어진다는 사실을 깨닫고 무력감에 빠지는 사람이 많다.

보험의 민낯은 최저보증이율이다. 최저보증이율이란 공시이율이 바뀌더라도 보험사가 꼭 보장하는 이율로 현재 연 2% 안팎이다. 이것만 놓고 보면 저축성 보험은 은행 예·적금보다 아주 조금 나은 정도다. 하지만 그것도 중도 해지를 하면 원금을 크게 까먹을 수 있다. 저축보험도 결국 보험상품이므로 해약환급률이 굉장히 낮다. 또 5년 이전 해지 시 해지 가산세 2.2%가 추가, 10년 이전 해지 시 15.4%의 이자소득세가 추가된다. 그렇기 때문에 저축보험으로 돈을 버는 것은 거의 불가능하다고 할 수 있다.

사업비는 납부 시작부터 7년에서 10년 정도 떼어 가는데, 결국 10년 이상 꾸준히 돈을 부여야 겨우 원금을 회복하고 약간의 수익을 올릴 수 있다는 말이다. 은행 적금보다 조금이라도 더 이익을 얻으려면 10년 이상 유지해야 한다는 소리니, 그 긴 시간 동안 소중한 돈을 엉뚱한 데 묶어둘 필요가 있을까. 10년이면 강산도 바뀌는 시간, 보험사 건물들 으리으리하게 해주는데 피 같은 내 돈을 쓸 필요는 없다.

증권사 랩 상품,
자문 서비스의 환상

증권사들이 수년 전부터 대대적으로 홍보한 '랩어카운트Wrap Account'라는 상품도 살펴보자. 랩어카운트는 주식, 채권, 펀드, 파생상품 등 여러 금융상품을 랩으로 싸듯 한곳에 모아 관리하는 종합 자산관리 계좌다. 투자자문사 조언을 받아 운용하는 자문형과 증권사가 운용을 담당하는 일임형(맞춤형)으로 나뉘는데, 일임형이 대세다.

한마디로 증권사가 알아서 굴려준다는 금융상품이다. 랩어카운트는 2000년대 후반 선풍적인 인기를 끌었다가 2011년 하락장에서 투자자들이 큰 손실을 보면서 투자 자금이 썰물처럼 빠졌다. 하지만 2014년 경부터 랩어카운트가 다시 부활했는데, 증권사들은 자신들이 포트폴리오를 조정·운용하는 만큼 불확실성이 큰 시장에서도 빠르게 대처할 수 있다고 홍보한다.

중요한 것은 랩어카운트 역시 다른 투자상품과 마찬가지로 원금 손실이 날 수 있다는 사실이다. 반면 수수료는 다른 투자상품에 비해 높은 편이다. 예컨대 2015년 주식형 펀드의 운용보수는 0.58%지만, 주식형 랩은 1~2%의 투자일임수수료를 내야 한다.

일임형 랩의 또 다른 문제는 해당 상품에 가입할 때까지는 수익률이나 상품별 특성을 알기 어렵다는 점이다. 공모펀드는 금융정보업체, 펀드정보업체 등을 통해 수익률 정보를 얻을 수 있지만, 계좌 단위로 관리되는 랩어카운트는 이런 식으로 수익률이 공개되지 않는다. 또 누군가 랩어카운트로 1년 새 100% 넘는 수익률을 거뒀다고 해도 랩은 계좌별로 맞춤 운용되는 만큼 같은 랩에 가입한다고 해서 동일한 수익률을 얻을 수 있는 것도 아니다. 즉, 각자 고객의 돈을 각자 굴려주는 시스템인 것이다.

랩어카운트의 수익률을 투명하게 공개하지 않는 데는 이런 구조상 어려움도 있지만, 실제 증권인들의 말을 들어보면 수익률이 별로 안 높기 때문이기도 하다. 또 앞서 설명한 전형적인 '주인-대리인' 문제도 발생한다. 대리인은 주식 매매 회전율이 높을수록 더 많은 수익을 거둘 수 있기에, 고객의 수익률보다도 높은 회전율로 자신들의 이익을 추구하는 경향을 벗어나기 어렵다.

금융회사의 재테크에만
도움이 되는 상품들

지금껏 살펴본 것처럼 은행, 증권사, 보험사가 재테크 상품이라고 판매하고 있는 것들 대부분은 우리의 재테크가 아닌, 이걸 판매하는 금융회사의 재테크에 도움이 되었다. 그런데도 일반인들이 쉽게 현혹되는 데는, '전문가들이 다뤄주면 보통사람보다 더 높은 수익률을 거둘 수 있을 것'이라는 기대감 때문이다.

하지만 그런 기대는 번번이 무너진다. 상품 설계 자체가 비합리적이고 비윤리적인 경우도 있지만, 꼭 그런 경우가 아니더라도 사실 꾸준히 시장 평균을 초과하는 수익률을 얻는 것은 거의 불가능할 정도로 어려운 미션이다.

주식을 놓고 보자. 현재까지 주류 경제학은 주가를 정확히 예측할 수 있는 논리적 방법이 없다고 한다. 기껏 나온 이론이 결국 주가는 술 취한 사람이 걷는 모습처럼 제멋대로 움직인다는 이른바 랜덤워크Random walk 이론일 정도다.

이 이론은 1930년대 콜스Alfred Cowles와 워킹Holbrook Working, 그리고 1950년대 캔들Maurice Kendall 등을 통해 실증적으로 증명되었는데, 그 뿌리에는 1900년대 프랑스 수학자 바슐리에Loius Bachelier가 처음 제시한 효율적 시장 가설EMH, Efficient Market Hypothesis이 있다.

효율적 시장 가설은 자본시장의 가격이 이용 가능한 정보를 충분히 즉각적으로 반영하고 있다는 가설이다. 시장이 효율적이므로 자신이 가진 정보는 이미 주가에 반영되었고 따라서 투자자의 예측에 영향을 준 정보로 인한 가격 변화는 더 이상 발생하지 않는다. 즉, 어떤 투자자도 이용 가능한 정보를 기초로 한 거래에 의해서는 초과 수익을 얻을 수 없다는 것이다.

물론, 주식시장이 효율적으로 조정되는 과정에서 약간의 빈틈이 생기고, 이 빈틈을 이용해 돈을 벌 가능성은 있을 수 있다. 하지만 그 가능성은 크지 않고 빨리 사라진다.

노벨경제학상 수상자인 유진 파마Eugene Fama는 효율적 시장 가설을 좀 더 실증적으로 분석해 세 단계로 나눴다.

● **약형** EMHWeak-Form EMH : 어떤 투자자라도 가격이나 수익의 역사적 정보에 기초한 거래에 의하여 초과 수익을 얻을 수 없다. 즉, 과거의 주가 또는 수익률이 지닌 정보는 초과 수익을 획득함에 있어 유용하거나 적절하지 못하다.

● **준강형** EMH Semi Strong-Form EMH : 어떤 투자자라도 공식적으로 이용 가능한 정보를 기초로 한 거래에 의하여 초과 수익을 얻을 수 없다. 공식적으로 이용가능한 정보란 과거의 주가자료, 기업의 보고된 회계자료, 증권관계기관의 투자자료와 공시자료 등이다.

● **강형** EMH Strong-Form EMH : 어떤 투자자라도 공식적으로 이용 가능한 정보는 물론, 공식적으로 이용할 수 없는 내부 정보를 활용하더라도 초과 수익을 실현할 수 없다.

이처럼 시장은 입수 가능한 정보(이 정보의 범위는 논란이 있지만)가 즉각 반영되며 효율적으로 작동하기 때문에, 추가 수익률을 얻기는 불가능(또는 거의 불가능)하다는 것이다. 물론 아주 드물게, 워런 버핏과 같이 주식에서 장기적으로 큰돈을 버는 사람이 있긴 하다.

이를 효율적 시장 가설로 설명할 수 있을까? 동전 던지기를 생각해보자.[11] 동전을 던져 앞면과 뒷면이 나올 확률은 이론적으로는 0.5다. 실제로도 한 사람이 동전을 계속 던지면, 많이 던지면 던질수록 결국 앞면과 뒷면의 각각 절반에 근접하게 나온다.

그런데, 만 명이 각각 열 번씩 던지는 경우를 생각해보자. 열 번 모두 앞면이나 뒷면이 나오는 사람이 만 명 가운데 몇 명은 나올 것이다. 수학적으로 계산해 봐도 열 번 모두 앞면이 나올 확률은 1024

---

11 동전 던지기 비유는 『동전에는 옆면도 있다』(정대영) 63~64쪽 참조.

분의 1이다. 천 명 중 한 명은 나온다는 얘기다. 이런 사람은 동전 던지는 특별한 재주가 있어서라기보다 어쩌다 보니 운이 좋아서 그렇게 된 것이라고 보는 것이 합리적이다.

물론 특별한 재주가 있는 사람도 아주 가끔은 있을 수 있다. 하지만, 당신에게 그런 행운이 올 거라고 생각하거나 기대하는 것은 위험한 일이다. 바보가 아닌 이상, 전 재산을 로또 사는 데 쓰는 사람은 없는 것처럼.

그렇다면 은행도, 증권사도, 보험사도 믿을 수 없고, 금융 전문가도 믿을 수 없다는 건데, 도대체 어디에 투자하란 말인가 싶을 것이다. 이제부터 어디에 어떻게 투자를 해야 할지 하나씩 차근차근 찾아보자.

환율을
미리 알 수만 있다면

외국돈을 외환이라 부른다. 외화, 외국환, 외국 통화, 외국 화폐 모두 같은 말이다. 그리고 환율이란 외환을 서로 바꿀 때 적용하는 교환비율이다. 이 교환비율을 줄여서 환율이라 부른다. 영어로는 'foreign exchange rate'다.

환율을 표시하는 방법은 어느 나라 화폐를 기준으로 나타내느냐에 따라 '자국통화표시환율(직접표시환율)', '외국통화표시환율(간접표시환율)', 미국식, 유럽식 등 여러 가지가 있는데, 그냥 그런 게 있나 보다 하고 넘어가도 된다. 이런 용어들은 외환 업무에 종사하지 않으면 크게 쓸모 있지 않다.

한국에서 알아야 할 환율은 어차피 정해져 있다. 가장 중요한 것은 역시 원/달러 환율이다. 미국 돈 1달러를 한국 돈, 즉 원화로 표시한 금액인데, 별다른 설명 없이 환율에 대한 얘기가 나오면, 대부분이 원/달러 환율을 가리킨다고 보면 된다.

이를 외환시장 참여자들은 '원/달러 환율'이라 안 하고 흔히 '달러-원 환율' 또는 그냥 '달러-원'이라고 부른다. 그래서 헷갈리기도 하는데, 일반인은 원/달러 환율이라 하면 된다. 우리 정부, 한국은행, 신문, 방송 모두 원/달러 환율이라 한다. 가끔 전문가들이 달러-원이라고 하면, 아, 이게 원/달러 환율과 같은 것이구나 하고 이해하면 된다.

왜 그런지 설명해 드리겠다.

1달러가 1,000원이라고 할 때, 1,000원이 국제적인 기준으로는 달러에 대한 원화 환율이라고 해서, 달러-원 환율로 부르는 것이 일반적이다. 그래서 여러 종류 통화를 다루는 외환 딜러나 외환시장 참가자는 보통 달러-원이라고 한다.

마찬가지로 1달러가 100엔일 때는 달러-엔 환율이 된다. 반대로, 유로나 파운드를 표기할 때는 보통 1유로=1.3달러, 1파운드=1.5달러 식으로 유로, 파운드를 먼저 표기한다. 이럴 때는 유로-달러 환율, 파운드-달러 환율로 표기한다.

그런데 유독 일본과 한국에서는 흔히 달러-엔, 달러-원 대신 엔/달러, 원/달러를 주로 쓴다. 이건 예전 일본은행에서 쓰는 관행을 한국은행이 받아들인 것인데, 우리나라 돈이 먼저 나와야지, 왜 외국

돈이 먼저 나오느냐는 자국 중심적인 표기법이라 이해하면 된다.

우리는 한미정상회담, 한일정상회담이라 하지만, 미국은 미한 정상회담, 일본은 일한정상회담이라 부르는 것과 마찬가지 이치다. 가끔 '달러-원'은 맞고 '원/달러'는 틀리다고 주장하는 사람도 있는데, 이는 그런 문화적 배경을 간과한 주장이다. 헷갈릴 필요 없다. 달러-원, 원/달러 둘 다 맞는 말이고 이는 1,000원 안팎에서 움직이는 가장 많이 쓰이는 환율이라고만 이해하면 된다.

원/달러 환율과 함께, 필요에 따라 원/엔 환율(엔-원이라고도 하고, 역시 1,000원 안팎에서 움직인다. 다만 엔일 때는 기준이 1엔이 아니라 100엔이다. 100엔당 1,000원 정도 한다), 원/유로, 원/위안 환율 정도를 보면 된다. 그리고 국제 환율로는 달러-엔 환율(달러당 100엔 안팎에서 움직인다)과 달러-위안, 유로-달러 환율이 중요하다.

앞서 금리 결정 때와 마찬가지로 환율 역시 '수요-공급의 법칙'에 따라 결정된다. 환율은 외환시장에서 결정이 되는데, 우리나라에서는 주로 원화와 달러화가 거래되고, 원/달러 환율도 서울 외환시장에서 결정된다. 글로벌하게는 뉴욕, 런던, 도쿄, 프랑크푸르트 등에 거대한 외환시장이 있고, 국제통화들, 즉, 달러, 유로, 엔, 파운드 등의 환율은 이런 글로벌 주요 외환시장에서 결정된다.

안타깝게도 우리 원화는 아직 국제통화가 못 돼서, 거래되는 곳이 극히 제한적이다. 대부분 서울 외환시장에서 달러로 거래되고 있다. 추가로 2015년 서울, 2016년 중국 상하이에 위안화와의 직거래

시장이 열려 원화와 위안화도 거래되고 환율도 결정되고는 있지만, 여전히 거의 국제화가 되지 않고 있다.

그렇다면 서울 외환시장에서 원/달러 환율이 결정되는 과정을 살펴보자. 간단히 말해, 서울 외환시장에 공급되는 달러가 많으면 달러값, 즉 원/달러 환율이 낮아지고, 달러가 적으면 환율이 높아진다(공급 측면). 마찬가지로 달러를 사려는 사람이 많으면 환율이 높아지고, 달러를 사려는 사람이 적으면, 환율은 낮아진다(수요 측면).

물론, 이 공급과 수요에 영향을 미치는 요인은 엄청나게 많다. 우선 수출 중심국가인 우리나라에서 달러 공급원의 핵심은 수출 기업이다. 수출업체가 해외에 물건을 팔면, 대부분 달러화를 수출대금으로 받게 된다. 기업은 이 달러를 서울 외환시장에 내놓고, 원화로 바꿔 간다. 이처럼 수출이 잘되면, 다른 말로 경상수지가 흑자면, 달러 공급이 늘고 환율은 낮아진다.

반대로 수출이 잘 안 되거나, 수출보다 수입이 많이 늘면, 그러니까 경상수지가 줄거나 마이너스가 되면, 달러 공급이 줄어들어 환율은 높아진다. 하지만 여러 번 밝혔듯이, 환율에 영향을 미치는 요인은 경상수지 말고도 많으므로 단순 도식적으로 꼭 이렇게 움직이는 것은 아니다.

달러의 또 다른 공급 요인은 자본시장이다. 외국인이 한국 주식을 사려면 어떻게 해야 할까. 달러를 들고 와서, 서울 외환시장에서 원화를 사야 한다. 한국 주식은 원화로 거래하기 때문이다. 그래서 외국인이 한국 주식을 많이 사면 서울 외환시장에 달러 공급이 늘어나 보통 원/달러 환율은 떨어진다.

[그림3-1]은 2007년 1월 1일 이후 원/달러 환율과 코스피지수의 추이를 나타낸 것이다. 대체로 환율이 오르면 코스피지수는 떨어지고, 코스피지수가 오르면 환율이 떨어지는 역(逆) 상관관계임을 알수 있다. 주식뿐만 아니라 채권도 마찬가지다. 외국인이 국내의 채권을 많이 사면, 달러가 많이 공급되고 원/달러 환율은 낮아진다.

원/달러 환율을 결정할 때, 또 중요한 것이 글로벌 금융시장이다. 서울 외환시장에서는 원과 달러의 교환비율을 결정할 뿐, 달러 자체의 가치는 글로벌 금융시장이 출렁임에 따라 바뀐다. 2016년

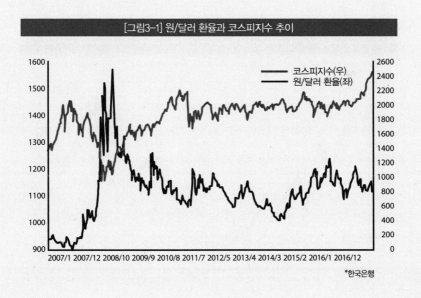

[그림3-1] 원/달러 환율과 코스피지수 추이

*한국은행

영국의 브렉시트나 미국의 트럼프 대통령 당선 같은 예기치 못한 사건, 또 원유나 금 같은 국제 원자재 가격에 따라서도 달러의 가치는 출렁인다.

미국 경제가 어려우면, 달러도 흔들리긴 하지만, 분명 달러는 전 세계 통화 중 안전자산으로 손꼽힌다. 달러처럼 안전자산으로 통하는 통화가 또 하나 있는데, 바로 일본의 엔화다. 물론 안전자산이라 해서 가치가 항상 안정적인 건 아니다. 일본의 아베 신조 총리는 이른바 '아베노믹스'라는 경기부양 정책을 펼쳤는데, 그 핵심 중의 하나가 엔화 가치를 떨어트려, 수출 경쟁력을 높이고, 국내 물가는 높이겠다는 정책이었다. 이에 따라 엔화 가치가 한참 동안 출렁거렸다.

[그림3-2]는 2007년 1월 이후 지난 10여 년간 엔/달러 환율의

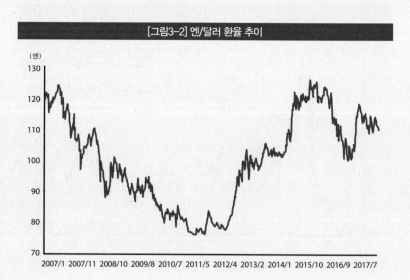

[그림3-2] 엔/달러 환율 추이

추이를 나타낸 것이다. 2008년 글로벌 금융위기 때 급격히 떨어진 (엔화 가치 상승) 엔/달러 환율이 아베 집권 이후 급격히 오른 뒤(엔화 가치 하락) 2017년 현재까지 등락을 반복하고 있다.

한 통화의 가치는 결국 그 나라 경제 체력과 비례한다. 수출이 잘 되고, 달러가 많이 들어와 원화를 사려고 하면 원화 가치는 높아진다. 반면 모든 사람이 원화를 갖고 있기 싫어하면, 원화 가치는 추락한다. 1997년 외환위기, 2008년 글로벌 금융위기 때 원/달러 환율이 폭등(원화 가치는 폭락)하면서 많은 사람이 괴로움을 겪었다.

하지만 보통 때는 특히 한국과 같은 수출 중심 국가들은 자국 통화가치를 약간 낮춰서, 환율을 높게 유지하려 한다. 그게 수출에 유리하기 때문인데, 경쟁 업체들끼리 서로 싸게 팔려고 가격 경쟁을

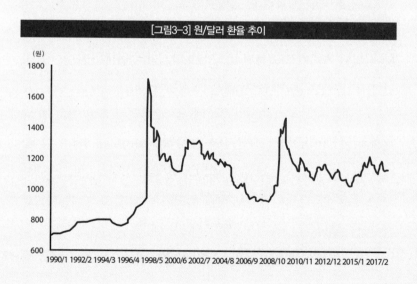

[그림3-3] 원/달러 환율 추이

한다고 생각하면 된다. 원화 가치가 떨어지면, 달러화로 표기된 제품 가격이 낮아지고, 그럼 더 많은 매출을 일으킬 수 있다.

이렇게 서로 자국의 화폐 가치를 떨어트리려는 경쟁은 예전에도 있었지만, 글로벌 금융위기를 겪으면서, 또 글로벌 경제가 저성장 늪에 빠지고 세계 교역량이 줄면서 더 치열하게 진행되고 있다.

미국 트럼프 대통령의 당선도 이러한 환율 전쟁에 불을 붙인 요인이 됐다. 트럼프 정부는 중국, 한국 등 대미 무역 흑자국 상대로 '환율조작국'을 지정하겠다는 협박 카드를 쓰고 있다. 쉽게 말해, 중국과 한국이 환율을 덤핑해(고환율을 유지해, 자국 통화 가치를 떨어트리는), 수출 물가를 싸게 하고 있어 미국 제조업체들의 경쟁력이 떨어지고 있으니, 앞으로도 계속 그러면 보복하겠다는 협박이다.

하지만 환율은 특정 한 방향이 무조건 유리하거나 불리한 게 아니다. 미국은 제조업 수출도 하지만, 세계 최대의 수입국이기도 하다. 달러화 가치가 하락하면 미국 제조업체의 수출에는 도움이 되지만, 수입 물가는 올라 서민들 삶은 더 힘들어진다.

또 미국이 주장하는 보호무역 강화, 자국 중심 투자 역시 전 세계에 널리 퍼져 나가 있던 달러를 본국으로 환류하게 함으로써, 달러화 가치를 높이는 효과를 내게 된다. 이처럼 약달러, 강달러 정책이 혼재해 있는 만큼, 앞으로 달러 가치가 어떻게 될지 가늠하기는 굉장히 어렵다.

'화폐전쟁'이란 말은 이보다 좀 더 넓은 개념이라 보면 된다. 단기적으로 자국의 화폐 가치를 떨어트려 수출 경쟁을 하는 것뿐만 아니라, 장기적으로 글로벌 금융시장에서 누가 주도권을 쥐느냐가 걸린 치열한 싸움이다.

과거 영국의 파운드에서 미국 달러로 패권이 넘어간 이후, 현재까지 우리는 달러 패권 시대에 살고 있지만, 최근에는 중국이 위안화의 국제화에 엄청난 정성을 쏟고 있다. 앞서 얘기한 '원-위안화 직거래 시장'도 이러한 위안화 국제화 움직임 중 하나다.

"달러 자산에 투자하라!"

한 대형 증권사가 2015년부터 2년 넘게 줄기차게 광고한 말이다. 이 말에 따라 달러에 투자했다면 어땠을까. 좋을 때도, 나쁠 때도 있었을 것이다.

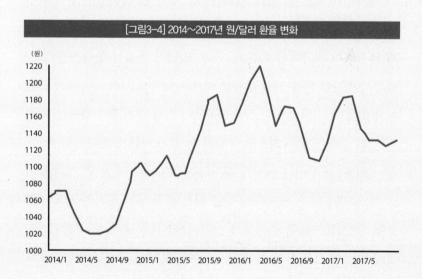

[그림3-4] 2014~2017년 원/달러 환율 변화

여러 이슈에 따라 출렁였는데, 역시 이제 궁금한 건 미래다. 그래서 환율이 앞으로 어떻게 바뀔까? 역시 쉽게 답할 수 없다.

우리가 예상하지 못하는 일이 벌어질 수도 있고, 트럼프 미국 대통령의 정책이 예상치 않게 바뀔 수도 있다. 우리 경상수지도 어떻게 될지 알 수 없다. 경제지표가 다 그렇지만, 그중에서도 환율이 가장 예측하기 어려운 영역 중 하나다. 전 세계 삼라만상이 이 숫자 하나에 들어가 있기 때문이다.

다만 글로벌 경기 전망이 좋지 않다는 것, 미국 트럼프, 브렉시트 등으로 전 세계가 보호무역을 강화하리라는 것을 전제로 한다면, 환율은 높아질 가능성이 크다. 글로벌 금융 상황이 좋지 않을 때는 전 세계에 풀린 달러가 본국으로 회귀할 가능성이 높으니까.

반면, 미 트럼프 정부가 환율조작국 카드를 들이밀며 압박을 가하면, 달러 가치가 떨어져 원/달러 환율이 낮아질 가능성도 있다. 실제 트럼프가 선거에서 이긴 후 한참 원/달러 환율이 높아졌는데, 트럼프 대통령이 환율 조작국 발언 등으로 압박을 가하면서 다시 환율이 떨어졌다. 전체적으로 보면 금리에서 인상 리스크가 컸던 것처럼, 원/달러 환율도 상승 리스크가 약간 더 커 보이는 상황이다.

그렇다면 우리는 어떻게 대비하는 것이 좋을까. 이런 시기에 어느 한 방향에 모두 베팅하는 것은 위험하다. 분산 투자하듯, 달러와 금에 자산 일부분만 투자하는 것이 안전하다. 달러 투자 방법에는 현물 달러를 직접 사는 것, 달러 예금에 가입하는 것, 달러 연동 ETF

에 투자하는 것, 달러로 된 자산을 사는 것 등의 방법이 있는데, 각자 장단점이 있다.

　　외국에 많이 나가거나, 현금으로 달러를 쓸 일이 많은 사람은 달러 현금이나, 외화예금통장을 활용하는 것이 좋다. 달러 연동 ETF 는 달러에 간접투자하는 상품으로, 원/달러 환율 움직임에 비례해 가격이 움직인다. 상당히 편리하게 거래할 수 있다는 장점이 있는데, 환전수수료, 운용수수료 등이 ETF 안에 내재해 있음도 고려해야 한다. 물론 어차피 현금을 사고팔아도 더 많은 수수료가 나가는 점을 감안하면, 사실 단점이라 보기도 어렵다.

4장

시장에 베팅하는
패시브펀드와 ETF

실제 시장은 이론과 달리 완벽하게 효율적이지 않기 때문에,
효율적 시장 가설은 일부는 맞고 일부는 틀리다.
그 틈을 비집고 들어가서 돈을 벌겠다는 사람이 주식투자자인 것이다.

패시브펀드란 무엇인가

3장에서 살펴본 것과 같이, 액티브펀드의 성과는 초라하다. 금융회사들 배만 불려주는 비싼 운용 비용을 내면서, 시장 평균보다도 못한 수익을 거두고 있다. 이에 대한 대안으로 떠오르고 있는 것이 바로 패시브펀드다.

패시브펀드란 수동적Passive이라는 말 그대로 시장 지수, 즉 인덱스Index를 따라가는 펀드다. 그래서 인덱스펀드라고도 부른다. 간단히 시가총액대로 자산을 배분해 투자하는 것이다. 적극적으로 고민해 수익률이 높아 보이는 곳 위주로 자산배분을 하는 것이 아니라, 시장 평균만 좇아가겠다는 것이기 때문에 운용이 쉽고 수수료도 비교적 싸다.

예를 들어 2017년 1월 2일부터 2017년 7월 24일까지 코스피라는 인덱스에 투자한 사람은 20%가 넘는 수익을 올렸다.[12] 레버리지 펀드나 ETF에 투자했다면 40%가 넘는 수익을 올렸을 것이다. 힘들게 기업 분석 같은 것을 할 필요도 없이 말이다. 그런데 액티브하게 개별 종목에 투자한 사람 중 이만한 수익을 올린 사람이 과연 얼마나 될까?

액티브 투자의 이론적 배경이 벤저민 그레이엄과 워런 버핏의 '가치투자 이론'이라면, 패시브 투자의 이론적 배경은 퀀트 투자의 아버지 해리 마코위츠Harry Markowitz의 '포트폴리오 선택 이론'이라 할 수 있다. 그는 1952년에 이미 "좋은 종목을 고르는 것보다 최적의 포트폴리오로 분산투자하는 것이 시장을 이기는 방법"이라고 주장한 바 있다.

그리고 더욱 더 직접적인 이론적 배경이 된 것이 바로 앞서 살펴본 유진 파마의 효율적 시장 가설이다. 효율적 시장 가설이란 말 그대로 시장은 효율적으로 움직인다는 것인데, 매일, 매시간, 매초에 시장은 모든 정보와 사람들의 기대치를 수용하고 증권 가격에 반영하기 때문에 적극적으로 주식을 고르는 행위는 쓸모없게 된다.

만약 완벽하게 '효율적 시장'이 있다면, 이미 현재 가격에 모든 정보가 반영돼 있기 때문에, 유가증권 거래에서 추가 수익을 올릴 길이 없어진다. 여기서, 시장의 효율성이란 새로운 정보가 얼마나 빨

---

12 종가 기준 2017년 1월 2일의 코스피지수는 2026.16이고 2017년 7월 24일의 코스피지수는 2451.53이다.

리 시장에 반영되는가의 정도며, 효율적 시장이란 새로운 정보가 바로 가치에 반영되는 시장을 의미한다.

예컨대 부동산 시장을 보면, 부동산의 가치는 앞으로 기대되는 편익의 현재 값이라 할 수 있다. 앞으로 오를 것 같은 호재가 나오면, 가격은 바로 반영된다. 물론 부동산은 주식보다는 유동성이 떨어지기 때문에, 즉 거래를 그렇게 빈번하게 할 수 없으므로 반영되는 데 시차가 발생한다. 반면 주식시장은 부동산보다 효율적이다. 상장된 주요 기업 같은 경우, 내가 원하는 시간에 거의 실시간으로 사고팔수 있다.

정리하자면, 시장에서 유통되는 정보는 이미 시장에 효율적으로 반영됐기 때문에, 시장에 반영된 그대로 투자해 시장 전체 평균의 수익만큼만 얻겠다는 전략이 패시브 투자의 핵심이다. 얼핏 생각하면 실력 좋은 펀드매니저가 타이밍 맞춰서 좋은 주식을 사고파는 액티브펀드가 시장 평균만 추종하는 패시브펀드보다 수익률이 높을 것 같다. 하지만 이러한 고정관념과 달리 기존 펀드들의 수익률을 조사해보니, 역사적으로 이러한 패시브 전략을 적용한 인덱스펀드가 액티브하게 운용된 펀드보다 수익률이 높았다.

액티브펀드 수익률은 왜 낮은가

효율적 시장 가설은 대개의 경제학 이론이 그렇듯 특정한 가정을 기반으로 한다. 효율적 시장 가설의 가정은 다음의 세 가지다.

- 모든 투자자는 이용할 수 있는 모든 정보를 받아들여, 같은 방식으로 시장을 평가한다.
- 모든 투자자가 같은 정보와 평가방식을 사용하고 있다고 가정했을 때, 한 투자자가 다른 투자자보다 더 높은 수익률을 내는 것은 불가능하다.
- 따라서 어느 한 투자자도 시장 수익률을 이길 수 없다.

보다시피 극단적인 가정이다. 결코 현실을 100% 반영할 수 없다. 하지만 여기서 우리가 기억해둬야 할 것은, 그럼에도 불구하고 시장은 대체로 효율적으로 작동한다는 것이다. 역사적으로 패시브펀드가 액티브펀드 수익률보다 높게 나타나는 데는 패시브펀드가 일반적으로 장기적으로 운용되는 성향이 있기 때문이기도 하다.

액티브펀드(주식, 채권, 선물 등)는 패시브펀드보다 높은 운용 비용, 거래비용 및 수수료, 잦은 턴오버turn over를 요구하기 때문에 펀드 운용에 들어가는 비용 자체가 패시브펀드보다 많다. 1990년 노벨상을 받은 윌리엄 샤프William Forsyth Sharpe가 실증적으로 분석해보니, 액티브펀드들의 수익률은 시장(패시브펀드)보다 운용하는 데 드는 비용만큼 수익률이 낮은 것으로 나타났다. 한마디로 비용만 더 들어가고, 그 비용만큼 수익률이 낮았다는 얘기다.

　물론 단기적으로 일부 액티브펀드가 더 좋은 성과를 달성하기도 하지만, 액티브펀드가 인덱스펀드를 중장기적으로 앞선다는 것은 매우 어려운 일이다. 펀드매니저가 1년간 시장 평균보다 앞설 확률은 대략 30%이지만, 2년 연속으로 앞설 확률은 10%, 3년 연속으로는 불과 1%대로 떨어진다는 연구결과도 있다. (3장에서 다룬 M 코리아 펀드 등 1~2년 탁월한 성과를 보였지만, 장기적으로는 고꾸라지고 마는 펀드의 사례는 굉장히 많다.)

　생각해보자. 긴 시간 동안의 역사적 수익률을 분석하면, 시장 수익률은 투자자들의 평균 수익률과 비슷할 수밖에 없다. 시장 수익률이라는 건 어차피 시장에 참가하는 모든 투자자 수익률의 평균이기 때문이다. 그러니까 액티브펀드의 수익률 평균도 결국 시장 수익률에 수렴할 텐데, 중요한 것은 액티브펀드는 비용이 훨씬 많이 든다는 사실이다. 당신이 사는 펀드에서 나오는 수수료 수익이 저 거대한 금융회사와 비싼 연봉의 펀드매니저, 그리고 수많은 직원 월급으로 나가고 있다. 샤프는 이를 실증적으로 증명했다.

> 액티브펀드 수익률 =
> 시장 평균 수익률 - 비용 (판매수수료, 내재된 거래 수수료 등)

또한, 액티브펀드는 종목을 사고파는, 이른바 턴오버를 패시브 펀드보다 많이 할 수밖에 없다. 패시브는 시장 비율대로만 유지하고 있으면 되지만, 액티브는 그때그때 계속 사고팔아야 하고, 그러다 보니 수수료가 많이 든다.

수익률 편차가 큰 것도 문제다. 편차가 커지는 것 자체가 투자자를 불안하게 하고, 수익률에도 악영향을 미친다. 액티브펀드는 시장지수를 따라가는 인덱스펀드보다 수익률 편차가 크고 펀드매니저가 예측한 업종 전망이 빗나가면 손실의 폭이 더욱 커진다.

합리적 대안은
그냥 시장 추종하기

패시브 투자의 장점은 상대적으로 높은 수익률의 원인이기도 한, 낮은 수수료다. 액티브펀드의 경우 구매비용이 평균 2.5% 정도이나 인덱스펀드의 경우 0.7~1% 초반대로 액티브펀드에 비해 최고 4분의 1 정도로 저렴하다. 이는 같은 수익률이 달성되었을 때 비용이 저렴한 인덱스펀드의 수익률이 더욱 높으며, 중장기투자 시에는 인덱스펀드가 월등히 우월함을 설명해준다.

패시브 투자의 또 다른 장점은 펀드 선택의 고민에서 벗어날 수 있다는 것이다. 어려운 선택을 할 필요가 확실히 적어진다. (물론 요즘에는 패시브펀드도 종류가 워낙 많아서, 그중에서 고르는 것도 어려운 선택이긴 하지만, 여전히 액티브펀드보다는 종류가 적고 변동성도 덜하다.)

1만여 개의 액티브펀드 중 하나를 선택하는 것은 너무 어려운 일이다. 어디가 유망하니 빨리 투자해야 한다고 권하지만, 얼마 전까지 잘나가던 펀드가 갑자기 위험해지는 일도 많다. 액티브펀드는 펀드에 따라 수익률의 편차가 커서 선택의 문제가 매우 어려우나 인덱스펀드의 경우 수익률의 편차가 크지 않다.

인덱스펀드는 이런 여러 가지 장점이 있지만, 여전히 사람들에게 널리 알려지지 못하고 있는 것은 역설적이게도 낮은 판매수수료 때문이다. 인덱스펀드는 액티브펀드에 비해 판매수수료가 낮아 판매사의 입장에선 적극적으로 홍보하지 않고 형식적으로 판매하고 있다.

인덱스펀드에 관심이 집중되는 것은 장기투자할 경우 액티브펀드보다 높은 수익을 내왔다는 점 때문이다. 미국의 경우 지난 1995년부터 10년간 운용된 1,400여 개의 주식형 펀드 가운데 2~3%만이 S&P500지수 수익률을 초과했다.[13] 이 때문에 간접투자문화가 정

---

13 「[고수한마디] 길게 보면 역시 인덱스펀드」, 중앙일보, 2007-2-7.

착된 미국에서는 전체 주식형 펀드의 30% 정도가 인덱스펀드 형태로 운용되고 있다.

패시브펀드와 직접투자의
장점을 모아놓은 ETF

ETF는 인덱스펀드 중 하나인데, 보다 거래하기 편하게 진화한 상품이다. 펀드의 단점은 실시간으로 사고팔 수 없다는 것. 사고파는 데 시간이 걸리기 때문에, 정확하게 얼마에 사는지를 알 수가 없고, 내가 펀드를 사는 시점과 실제 펀드가 운용이 시작되는 시점의 차이 때문에, 그 사이에 큰 이벤트가 발생하면 손해를 감수해야 하는 리스크도 있다.

ETF는 인덱스펀드와 직접투자의 장점을 모은 상품이다. 특정 지수를 따라가는 인덱스펀드를 주식시장에 상장해 개별 종목처럼 언제든지 사고팔 수 있는 상품이다. ETF 자체가 증시에 상장돼 실시간으로 거래되기 때문에, 주식 종목을 사고파는 것처럼 그 시점의 가격을 정확히 알고 사고팔 수가 있다.

국내 ETF의 경우 증권거래세(0.3%)가 면제되고 운용보수료가 0.5% 선으로 인덱스펀드보다 더 저렴한 것도 장점이다. 투자 대상이 다양한 점도 매력적이다. 반도체, 은행, 자동차 등 섹터 ETF도 거

[그림4-1] ETF의 장점	
지수연동형	주가지수 움직임에 따라 가격이 결정된다.
주식투자의 일종	펀드와 달리, 증권사의 주식 거래계좌로 거래할 수 있다.
매매 즉시성	ETF는 펀드이지만, 거래소에 상장돼 거래되므로 주식시장이 열려 있는 동안에는 언제라도 실시간 매수와 매도가 가능하다.
분산투자	ETF는 대상 종목으로 이뤄진 주식 바스켓을 세분화한 증권이다. 그러므로 한 주만 사도 분산투자 효과가 있다.
안정적	ETF는 개별 기업이 아니라, 주식시장 전체 또는 특정 산업의 업황에 따라 수익률이 결정나므로 가격 변동성이 상대적으로 적다.
접근성	이해하기 쉬운 상품이다. 기존 주식 거래계좌로 투자하기 때문에 접근성도 뛰어나다.
쉬운 투자판단	개별종목에 대한 정보와 분석이 필요하지 않고 시장의 방향성에만 투자하면 된다.
효율성	단 한 번의 거래로 시장대표지수나 섹터지수 구성종목을 살 수 있다. 적은 자금으로 주식시장 전체에 대한 투자가 가능하다.
리스크 저하	특정 종목 주식은 그 회사의 영업 악화나 파산 시 큰 손실을 입을 수 있지만, ETF는 분산투자 효과로 리스크를 줄일 수 있다.
낮은 투자비용	일반 펀드(연 2~3%)에 비해 ETF 운용보수(연 0.23~0.66%)가 저렴하고, 매매시 증권거래세(0.3%)가 부과되지 않아, 거래비용을 최소화할 수 있다.
투명성	ETF 가격은 대상 지수의 움직임을 충실히 반영하고, 펀드를 구성하는 현물 주식 바스켓 내역과 순자산가치를 매일 공표하기 때문에 상품 투명성이 높은 편이다.

*한국거래소

래되고 있고, 구리, 금, 유가, 농산물 등 원자재 ETF도 거래되고 있다. 그 밖에도 다양한 ETF 상품이 계속 늘어나고 있다.

해외 ETF의 경우 해외 인덱스펀드가 환매할 때 일주일씩 소요되는 것과 달리 이틀 정도만 기다리면 된다. 또 국내에서 판매 중인 해외 인덱스펀드는 양도차익의 15.4%를 세금으로 내야 하지만 일본과 미국에 상장된 ETF는 수익의 250만 원까지 면세다. 하지만 해외 ETF는 국내 ETF와 달리 주식 거래 수수료가 높다(0.5~0.8%)는 점은 유의해야 한다.

ETF 투자를 위해
알아야 할 것들

ETF는 그 본산인 미국 ETF가 압도적이다. 2000년 70가지 종류의 ETF가 있던 미국 시장은 2016년 말 2천여 개로 늘었고, 자산규모는 2조 5500억 달러에 이른다.[14] 반면 한국은 2017년 4월 기준 266개 ETF가 상장돼 있으며, 자산규모는 약 25조 원으로, 미국의 100분의 1 수준에 불과하다.[15]

해외 ETF는 양도소득세 22%를 일괄적용하고, 국내 ETF는 주식형을 제외한 상품은 매매차익에 배당소득세 15.4%를 부과한다. 얼핏 보면, 한국이 더 낮은 세금을 매기는 것처럼 보이지만, ETF 거래에 따른 차익을 배당소득으로 간주할 경우 금융소득종합과세 대상이 되며, 연 2천만 원 이상의 배당소득에서는 6.6%~41.8%의 누진세를 추가 적용하기 때문에 운용자금이 커질수록 세금 제도에 있어 국내 ETF가 불리한 면이 있다는 것은 염두에 둬야 한다.

14 Exchange Traded Funds, 뉴욕증권거래소.
15 「ETF 시장 2016년 결산과 전망」, 한국거래소, 2017.

그러면 실제로 ETF 투자를 하려면 어떻게 해야 할까. ETF 투자를 위해서는 주식 거래계좌가 있어야 한다. 기존의 계좌가 있으면, 별도 계좌개설 절차 없이 투자할 수 있다. 없다면, 은행이나 증권사에 가서 원하는 증권사의 주식 거래계좌를 열면 된다. 그 후에는 자금을 계좌에 입금한 뒤, PC의 홈 트레이딩 시스템HTS이나 스마트폰의 모바일 트레이딩 시스템MTS를 이용해 주식 종목을 사듯 ETF를 거래하면 된다.

ETF에서 가장 먼저 볼 것은 거래량이다. 거래량이 미미한 종목은 거래하지 않는 것이 좋다. 그 종목을 사기도 어렵고, 팔기도 어렵기 때문이다. 이를 유동성이 부족하다고 하는데, 부동산으로 치면 '나 홀로 아파트' 같다고 생각하면 된다. 나 홀로 아파트는 아무리 입지가 좋다 하더라도 근처의 대단지 아파트보다 값이 싸게 마련인데, 그 이유는 기본적으로 거래가 잘 안 되기 때문이다.

거래량이 적을 경우 이 종목이 추적하는 지수를 제대로 따라가지 못한다. 유동성이 풍부해야 이 지수의 포트폴리오를 따라갈 수 있기 때문이다. 게다가 거래량이 현저하게 적으면 상장폐지의 위험성도 있다.

그러면 ETF의 종류를 한번 살펴보자. ETF에는 크게 코스피200과 같은 대표지수를 추적하는 시장대표지수 ETF, 자동차, 반도체와 같은 분야별 섹터지수 ETF, 대형주, 성장주 등 스타일에 따른 스타일지수 ETF 등으로 나뉜다.

시장대표지수 ETF가 포괄 범위가 가장 넓고 안정적이다. 안정적인 만큼 당연히 기대수익률도 낮은 편이다. 반면 섹터지수나 스타일지수 ETF는 기대수익이 좀 더 높지만, 변동성(리스크)은 더 크다. ETF 자체가 분산투자로 안정지향적인 투자를 하기 위해서라면, 너무 공격적이거나 변동성이 높은 ETF보다는 시장대표지수 ETF와 같은 보다 포괄적이고 안정적인 지수에 투자하는 것을 권장한다.

그리고 ETF를 활용하면 군이 해외 주식투자를 직접 하지 않더라도 손쉽게 해외 투자를 할 수 있다. 특히 해외 ETF는 국내 시장이 침체할 때 대안상품으로 활용하면 더욱 효과적이며, 한 차원 높은 분산투자의 효과를 누릴 수 있다. 실제 ETF의 장점은 해외 상품에서 가장 크게 나타나는데, 일반 해외펀드(평균 2.9~4.9%)보다 운용보수와

[그림4-2] 해외 투자를 하는 국내 ETF 상품(예시)			
해외 ETF 7종목	KODEX CHINA H	HSCEI	삼성자산운용
	KODEX BRAZIL	BRAZIL TITANS 20 ADR INDEX	삼성자산운용
	KODEX JAPAN	TOPIX100	삼성자산운용
	TIGER 나스닥 100	NASDAQ 100	미래에셋맵스 자산운용
	TIGER 라틴	THE BANK OF NEW YORK MELLON LATIN 35 ADR INDEX	미래에셋맵스 자산운용
	TIGER 브릭스	THE BANK OF NEW YORK MELLON BRIC SELECT ADR INDEX	미래에셋맵스 자산운용
	TIGER 차이나	HANG SENG MAINLAND 25	미래에셋맵스 자산운용

거래비용(평균 0.4~1.2%)이 매우 저렴하며, 국내 시장에서 실시간 거래돼 가격정보를 쉽게 얻을 수 있고, 환매 제약 등도 없다. 그러니 해외 투자를 원한다면 ETF에 더욱 관심을 가져야 한다.

어떤 ETF에
투자할 것인가

그러면 ETF 투자는 어떻게 할 것인가. ETF도 종류가 워낙 많아지는데다가, 단순히 지수 전체를 추종하거나 특정 업종 지수만 추종하는 것이 아니라, 모멘텀 투자 등 사실상 액티브형 ETF도 줄줄이 선을 보이고 있다.

하지만 상술한 대로 ETF의 의미는 비싼 비용을 물지 않고 단순하게 시장을 추종하는 데 있다는 것을 명심해야 한다. 너무 복잡한 상품의 경우 겉으로 보이는 수수료는 얼마 안 된다 하더라도, 실제 ETF 안의 종목 매매에서 그만큼 수수료가 나가게 마련이고, 이는 ETF의 장점을 희석한다.

따라서 ETF 투자 때는 코스피 추종, 원/달러 환율 추종, 금값 추종 등 단순히 알 수 있는 것들로 고르는 것을 추천한다. 이런 종목이 실제 거래도 많이 된다. 앞에 언급한 대로, 거래량이 적은 종목은 일단 피해야 한다.

만약 특정 종목이나 특정 업종이 훨씬 높은 수익률을 낼 것 같다고 하면, 직접투자를 하는 게 낫지 굳이 ETF를 할 이유가 없다. 때문에 코스피나 다우, 나스닥과 같은 대표지수를 추종하거나, 금, 달러와 같은 이해하기 쉬운 대표 상품을 추종하고, 거래량이 많은 종목을 고르는 것이 ETF 투자의 기본이다.

또한, ETF는 분산투자와 저비용이 특징이므로, 이 강점을 누리려면 조급해하기보다는 차분하게 투자하는 것이 좋다. 예컨대, 코스피가 장기간 박스권에 갇혀 있었기 때문에, 코스피가 1900 밑으로 떨어지면 코스피 추종 ETF를 샀다가 2000 위로 오르면 바로 팔고 인버스 ETF를 사는 지극히 단순한 '박스피 전략' 투자도 유행했다. 이처럼 아주 단순한 원리로 사야 할 저점과 팔아야 할 고점의 레인지를 스스로 판단해 이에 따라 매매하는 것이 좋다.

물론 ETF 투자가 만능은 아니다. ETF가 자동으로 저비용 분산투자를 하게 해주는 최첨단 금융상품인 것은 맞지만, 역시나 시장을 잘 전망하고, 들어오고 나올 타이밍을 알아야 돈을 벌 수 있다. 리스크도 개별 종목보단 낮지만, 역시 어느 정도는 감수해야 한다.

그런데 이제는 굳이 이런 고민을 할 필요도 없어졌다. 로보어드바이저가 등장했기 때문이다. 그렇다면 왜 주저리주저리 ETF를 설명했냐고? 바로 현재 운용되고 있는 로보어드바이저의 주 투자대상이 ETF이기 때문이다. 로보어드바이저를 제대로 이해하기 위해서는 ETF를 먼저 알아야 한다.

코스피, 드디어
박스피를 탈출하나?

주식은 흔히 '자본주의의 꽃'이라 불린다. 그만큼 매력적이면서도 위험하다. 개인도 소액으로 기업에 손쉽게 투자할 수 있고 돈까지 벌 수 있는, 말 그대로 '꿩 먹고 알 먹는' 최고의 재테크 수단으로 보이기도 한다. 부동산처럼 한꺼번에 큰돈이 드는 것도 아니고 사고파는 것도 간편하다. 실제 스마트폰 하나면 전 세계 웬만한 주식을 다 사고팔 수 있다. 주식 종목만 잘 고르면 한방에 인생역전도 가능할 것 같다.

수많은 사람이 주식투자라는 불을 보고 뛰어드는데, 실상은 대부분 화상만 입은 채 불나방이 돼 떠난다. 그래도 여전히 수많은 불나방이 주식을 향해 뛰어들고 있다. 그런데 2008년 글로벌 금융위기 이후, 주식투자자들이 워낙 세게 데어서인지, 2010년대 들어서는 예전만큼 주식투자가 모두의 관심거리가 되고 있지는 못한 듯하다. 개인투자자들이 그동안 워낙 당하기만 해서일까.

그렇다면 경제 전문가들은 어떨까. 주식이 어렵기는 경제학자나 경제 전문가들도 마찬가지인 듯하다.

기상학자와 경제학자의 공통점과 차이점은 무엇일까? 공통점은 '둘 다 미래를 예측해서 먹고사는데 그 예측이 대개 틀리다'는 것이다. 차이점은 '기상학자는 최소한 현재 날씨는 정확하게 이야기할수 있지만, 경제학자는 지금이 어떤지도 잘 모른다'이다. 경제학자는

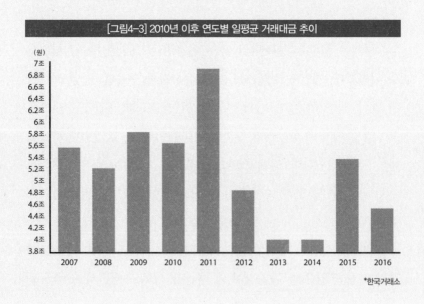

[그림4-3] 2010년 이후 연도별 일평균 거래대금 추이

*한국거래소

현재가 호황의 마지막인지, 불황의 끝자락인지도 잘 모른다.

즉, 현재에 대한 상황 인식조차 경제학자들마다 다르다. 인식이 다르니 처방도 다를 수밖에 없다. 노벨경제학상을 받은 세계 최고의 경제학자들끼리도 상대방이 틀렸다며 불꽃 튀는 설전을 벌이기도 한다. 그리고 그런 논쟁은 시간이 지나서도 명확하게 판가름 나지 않을 때가 많다. 일기예보는 예측 기법 발달과 슈퍼컴퓨터 도입으로 정확도가 높아지는데, 경제학은 오히려 기존 방법론에 근거한 현상 설명력과 미래 예측력이 떨어지며 '경제학 교과서를 바꿔야 한다'는 지적까지 나온다.

이처럼 경제학이 예측뿐만 아니라 진단까지 어려운 이유는 서론에서 언급한 대로 상호작용성 탓이 크다. 즉, 날씨라는 자연현상은 인간의 행동과는 무관하게 독립적으로 존재하는 반면(물론 장기적으로 보면 인간 때문에 지구온난화가 발생하고는 있지만), 경기 변동은 경제 주체의 행동과 상호작용하기 때문이다. 예를 들어 기상학자가 내일 날씨가 추울 것이라고 예보하면 사람들은 두꺼운 옷을 입고 장갑을 끼는 것으로 대응해 몸을 따뜻하게 하지만, 그렇다고 날씨가 바뀌지는 않는다. 반면 경제는 미래 예측에 대응하는 행위 자체가 다시 영향을 미치고, 그 미치는 변수와 범위도 워낙 크기 때문에, 분석과 예측이 거의 불가능해진다.

주식 시장도 경제학자들의 오랜 연구 과제였다. 그리고 경제학자들 역시 주식투자에 성공하는 케이스는 아주 드물었다. 20세기 최고의 경제학자로 꼽히는 케인스가 거의 유일하게 주식에서도 대박이 난 사례로 손꼽힌다.

케인스는 '케인스 경제학'이라는 새로운 주류 학파를 만들 정도로 20세기 경제학의 핵심적인 인물이지만, 케인스가 주식투자에서 왜 성공했는지 설명하는 건 쉽지 않다. 그도 대공황 때 큰 타격을 입었지만, 그 뒤로 가치투자를 해서 돈을 많이 벌었다는 뻔한 이야기만 회자되는 정도다.

흥미롭게도, 케인스 이론 중에 인간을 움직이는 야성적 충동 animal spirit이라는 게 있다. 경제가 인간의 합리적, 이성적 판단에 의해서만 돌아가는 게 아니라, 인간의 비경제적인 본성도 경제를 움직이는 하나의 요인이 될 수 있다고 보는 개념이다.

이 개념은 인간이 그렇게 합리적이고 오류가 없다면 대공황이나 경제위기를 설명하기 어렵다는 인식에서 출발한다. 야성적 충동 때문에 경제가 움직인다는 시각에서는 국가가 시장의 잠재된 창의성을 인정하되 인간의 야성적 충동으로 인한 과잉 현상을 억제해야 하므로 정부의 적극적 시장 개입도 인정한다. 여하튼 케인스는 학문에서뿐만 아니라, 투자에서도 이런 야성적 충동이 성공적으로 발현된 케이스다.

문제는 경제학자를 포함하여 많은 사람이 주식투자에 실패한다는 것이다. 특히 개인은 95% 이상 실패한다. 투자는 시간 싸움인데, 자금력과 정보력은 물론 시간도 압도적으로 달리는 개인은 결국 여기서 지게 마련이고, 그 결과 대부분 실패한다.

필자도 그동안 주식으로 성공한 사람, 실패한 사람을 만나보고, 직접투자도 해봤지만, 이건 단순히 공부만 해서 이길 수 있는 시장은 아니라는 것을 깨달았다. 물론 경제 공부, 투자 공부를 열심히 하면, 모르고 하는 것보다는 약간 유리할 수 있지만, 열심히 공부하고 연구만 한다고 이길 수 있는 게임은 아니라는 뜻이다. 뭔가 타고난 야성적 충동이 큰 역할을 한다고 할까. 실력 못지않게 '운(運)'도 중요하다는 말이다.

주식시장은 기업이 주식을 상장해 자금을 조달하는 시장이지만, 수많은 사람에게는 돈을 벌기 위한 거대한 투기장이다. 시장 참여자는 최고의 지식과 정보와 최첨단 컴퓨터로 무장한 외국인(외국인도 대부분 외국의 금융회사, 즉 기관)과 기관(국내 연기금, 증권사, 은행 등 큰손들)부터 개인 전업투자자, 일반인까지 다양하다. 이들이 다 돈을 벌기 위해 매일 전쟁을 벌이고 있다.

그런데 경제학은 주식시장에서의 승리의 법칙을 찾아냈을까? 아쉽게도 현재까지 주류 학설은 주가를 정확하게 예측할 수 있는 논리적 방법은 없다고 말한다. 3장에서 살펴봤던 랜덤워크 이론과 효율적 시장 가설을 떠올리면 된다. 결국 다 운이라는 얘기다.

하지만 의문점이 하나 생긴다. 실제 주식시장에서 엄청난 돈을 번 사람이 있으니까. 워런 버핏이 대표적이고, 한국에서도 주식투자를 잘해서 성공한 사람이 종종 보인다. 미래에셋증권 박현주 회장 같은 사람도 과거 월급쟁이 증권사 직원이었지만, 주식투자로 엄청난 부를 쌓았다. 소수이긴 하지만 가치투자건 차트분석이건 저마다의 방식으로 돈을 꾸준히 벌고 있는 사람이 분명 존재한다.

맞는 말이다. 실제 시장은 이론과 달리 완벽하게 효율적이지 않기 때문에, 효율적 시장 가설은 일부는 맞고 일부는 틀리다. 그 틈을 비집고 들어가서 돈을 벌겠다는 사람이 주식투자자인 것이다.

주식투자 방법론은 다양하지만, 위에서 짧게 언급한 대로 크게 두 가지로 구분할 수 있다.

첫째, 기업의 실적이나 자산가치보다 주가가 저평가된 종목을 찾아내 산 다음, 주가가 기업의 제 가치를 반영할 때까지 보유하는 방식으로, 가치투자, 기초분석 투자, 펀더멘탈fundamental 투자로 불린다. 워런 버핏이 대표적이고, 한국에도 몇몇 유명한 사람이 있다.

둘째는 주가의 흐름에 일정한 파동과 순환주기가 있다고 보고 주가의 이동평균, 추세선 등 여러 차트를 이용해 주가의 향방을 예측하는 방식이다. 기술적 분석, 차트Chart 분석이라 불리며, 1934년 랠프 엘리엇Ralph Nelson Elliott이 엘리엇 파동이라는 이름으로 주가예측 모델을 발표한 이후 많은 주식투자자가 여기에 빠져 있다.

실제 대다수 투자자는 이 두 가지를 병행하는데, 어쨌든 가끔 주식투자를 통해 떼돈을 버는 사람이 나오긴 나온다. 운인지 실력인지 모르겠지만, 운이든 실력이든 그게 무척 어렵다는 것은 확실하다. 엄청난 노력 또는 몇 백만 명 중 하나인 운이 필요한 것이다. 그런데 이것만 믿고 주식투자에 모든 것을 걸기에는 리스크가 너무 크다.

그렇다면 한국 증시는 앞으로 어떻게 될까? 거듭 말하지만 그건 알 수 없다. 다만 한국 증시가 지금 어떤 상황인지에 대한 분석은 가능하다. 코스피는 2010년 이후 장기간 1800과 2100 사이 박스권에 갇혀 있어서, '박스피'라는 오명을 얻었지만, 2017년 들어 2200선을 넘어 2300, 2400을 잇따라 돌파하며 박스피를 벗어나고 있다.

증시는 한국 경제의 종합 지표라 할 수 있으므로, 단순히 왜 한국 증시가 박스권에서 벗어나고 있느냐를 설명하긴 어렵다. 삼성전자나 현대자동차처럼 제조업에서는 세계적인 기업을 배출했지만, 그에 비해 왜 금융시장이 발전하지 못했는지, 한국 증시가 경제 규모에 비해 성장이 더뎠는지 등은 쉽게 답할 수 없다.

다만 흔히 이야기하는 관치금융이나 투명하지 못한 회계 등의 문제 외에도, 한국 자산이 부동산에 지나치게 편중된 탓도 크다고 볼 수 있다. 주식시장보다 부동산시장이 훨씬 인기가 좋으니까. 만약 지금이라도 미국 증시처럼 대규모 자금이 유입되기만 한다면 한국 증시 역시 크게 상승할 수 있다.

분명한 건 한국 증시가 현재 저평가되어 있다는 사실이다. 증시에 영향을 미칠 변수는 다양하게 있겠지만, 하락 가능성보다는 상승 가능성이 더 높아 보인다.

5장

INVEST & RELAX!
로보어드바이저의 등장

"Invest & Relax!" 자산배분 같이 골치 아픈 것은 로봇에게 맡기고,
우리는 우리의 소중한 시간을 자산배분보다도 더 즐겁고, 가치 있는 일에 쓰자.
이게 로보어드바이저의 철학이자, 우리에게 주는 핵심효용이다.

리스크를 줄이는 투자는
로봇을 이길 수 없다

이 장은 이 책의 핵심이다. 로보어드바이저가 어떤 역사적, 사회적 배경에서 나왔고, 로보어드바이저의 원리는 무엇인지, 이것이 자산 관리, 금융, 더 나아가 우리 경제와 사회를 어떻게 바꿀 것인지에 대해 다룬다. 우선 로보어드바이저의 등장 배경을 미국을 중심으로 한 자산운용 시장의 역사를 통해 살펴보고, 기술의 발전이 금융과 서로 어떻게 상호작용을 하면서 발전하고 있는지를 살펴본다.

로보어드바이저의 기본 원리는 현대포트폴리오이론이다. 현대 포트폴리오이론이란 쉽게 말해 '달걀을 한 바구니에 담지 마라'는 이론이다. 여기에 '현대'라는 말이 붙은 까닭은 해리 마코위츠가 자산을 상관계수가 낮은 것들로 묶는 식으로 자산배분을 하면 리스크를 실제로 줄일 수 있음을 수학적으로 입증했기 때문이다.

예컨대 우산 가게와 아이스크림 가게가 있다고 하면, 두 가게는 날씨에 따라 매출액 변화가 크며, 서로 반대로 움직인다. 즉, 이들 가게는 변동성이라는 리스크가 크다고 말할 수 있다. 그런데 같은 가게에서 우산과 아이스크림을 함께 판매하면 어떨까. 변동 폭이 감소할 것이다. 이처럼 개별 자산별로는 상당한 리스크가 있더라도, 여러 자산에 나누어 투자하면, 전체 리스크, 즉 포트폴리오의 리스크는 감소한다. 다시 말해, 현대포트폴리오이론의 핵심은 자산의 상관관계가 낮을수록 분산효과가 커져서 포트폴리오 리스크가 감소한다는 것이다.

문제는 자산 간의 상관관계를 어떻게 알 수 있느냐는 것이다. 여기에 바로 로보어드바이저의 가장 큰 강점이 있다. 사실 인간이건 로봇이건 수익률을 정확히 예측하는 것은 불가능하다. 이건 앞서 효율적 시장 가설에서 자세히 살펴본 바와 같다. 하지만 특정 자산의 변동성 자체는 크게 변하지 않는다. 즉, 변동성이 큰 자산은 계속 변동성이 클 가능성이 높다. 또한, 자산 간의 상관관계도 크게 변하지 않는다.

예컨대 중국 내수 시장과 현대자동차 주가 사이에 큰 상관관계가 있었다면, 가까운 미래에 갑자기 이 상관관계가 없어질 가능성은 희박하다. 이때 이 자산들의 리스크와 상관관계를 가지고 최적의 조합을 짜는 것이 자산운용의 목표라 할 수 있다.

그동안은 이 포트폴리오를 짜는 작업을 펀드매니저나(개별 주식을 고르고 펀드를 운용하는 일) PB 같은 자산운용 전문 인력(보다 넓게 자산군 간의 포트폴리오를 짜주는 일)이 주로 했다. 나름 경제에 대한 통찰력과 경험, 지식, 또는 동물적 감각을 가지고 했다.

하지만 이들 전문가가 하는 자산운용의 가장 큰 문제는 이들의 변동성도 너무나 크다는 것이다. 당연히 잘하는 사람도 있고, 못하는 사람도 있다. 또 잘했던 사람이라고 계속 잘하는 것도 아니다. 1~2년 반짝 잘했다가, 자금이 모이자 그 뒤로 망가지는 '전형적인 폭망' 사례가 셀 수 없이 많다. 우리가 액티브펀드의 몰락에서 살펴본 바와 같다.

이제 이세돌이 알파고를 이기지 못하듯, 자산배분, 자산운용도 로봇에게 자리를 양보해야 할 때가 온 것이다. 자산운용은 바둑과 여러 면에서 비슷하다. 한정된 자원이 있고, 투자할 대상이 있다. 거기에서 최적의 조합을 찾는 작업이다. 바둑은 경우의 수가 무한대지만, 규칙은 상대적으로 단순하다. 하지만 자산운용은 바둑보다 경우의 수는 적지만(바둑의 경우의 수는 우주의 원자 수보다도 많다고 한다), 규칙은 훨씬 어렵고 복잡하다. 게다가 누구도 정확한 규칙을 알지 못한다.

우리는 한정된 시간과 자원 속에서 살고 있다. 어차피 불가능한 일에 불필요한 에너지를 소모할 것이 아니라, 가용한 자원을 가지고 최선의 결과를 내는 데 집중해야 한다. 4장에서 살펴본 바와 같이 로보어드바이저의 주 투자대상은 ETF다. 무한대를 대상으로 하지 않는다는 뜻이다. 예컨대 상장된 ETF들의 변동성과 상관관계만 보면 된다. 하지만 1000개 자산의 상관관계만 보더라도 100만 개의 값이 나오고, 이를 분석하는 것은 사람이 절대 로봇을 이길 수 없다.

단순히 상관관계 분석을 떠나, 보다 다양한 변수의 영향, 패턴의 움직임 등도 로봇이 분석할 수 있다. 정보통신기술ICT이 놀라운 속도로 발전하면서, 데이터 분석, 더 나아가 머신러닝과 인공지능까지 로보어드바이저의 힘은 빠르게 강력해지고 있다.

물론, 아직 자산운용업계의 로봇은 바둑의 알파고 수준까지는 오르지 못했다. 그리고 앞으로도 최정상을 차지하지는 못할 수도 있다. 하지만 시장 평균 이상으로 안정적인 수익률을 꾸준히 낼 것은 확실하다. 인간은 인간이라는 한계 때문에 반복해서 오류를 저지를 수밖에 없다. 시장 평균은 인간들 전체와 로봇들 전체의 평균이 될 것이고, 인간이 평균 이하를 차지한다면, 당연히 로봇은 평균 위쪽을 차지하게 될 것이다.

그렇다고 로보어드바이저로 대박을 꿈꿀 수는 없다. 만약 당신이 여전히 대박을 꿈꾼다면, 로보어드바이저가 아니라 다시 도박 같은 직접투자 시장으로 뛰어드는 수밖에 없다. 십중팔구, 금세 더 실망하겠지만 말이다. 무모한 욕심을 버리고, 시장 평균 수익률보다 약간만 더 좋은 수익을 올리자. 그것도 매일 안절부절, 초조하고 불안할 것이 아니라, 은행에 넣어놓는 것처럼 투자해놓고, 맘 편하게.

"Invest & Relax!" 자산배분 같이 골치 아픈 것은 로봇에게 맡기고, 우리는 우리의 소중한 시간을 자산배분보다도 더 즐겁고, 가치 있는 일에 쓰자. 이게 로보어드바이저의 철학이자, 우리에게 주는 핵심효용이다.

로보어드바이저의
등장 배경

로보어드바이저의 등장 배경과 로보어드바이저가 자산운용 시장에서 어떤 역할을 하는지 보다 깊이 이해하기 위해 미국의 상황을 간단히 살펴볼 필요가 있다. 현재 미국 자산운용 시장에서 가장 중요한 축을 형성하고 있는 것은 이제 은퇴세대가 된 베이비부머 세대로, 이들의 퇴직연금과 개인금융자산을 중심으로 자산운용 시장이 변해왔다.

이렇게 된 데는 1970~1980년대 이후 금융시장 환경 변화의 탓이 크다. 1970년대 말 오일쇼크의 영향으로 1978~1981년 인플레이션이 급격히 진행됐다. 인플레이션과 싸우기 위해 미 연방준비제도는 금리를 급격히 올려야 했고, 급격한 금리 인상은 경기침체를 불러왔다. 이런 상황에서 1981년 취임한 로널드 레이건 대통령은 금융과 세금 규제를 대폭 풀면서 금융시장 살리기에 나선다. 이로써 펀드 시장도 빠르게 성장한다. 미국 가계금융자산 중 펀드 비중은

연말	현금·예금	금융투자상품				보험·연금	기타
		주식	채권	펀드	소계		
1990	20.3	34.4	10.9	6.1	51.4	25.2	3.1
1995	13.4	36.7	10.4	7.9	55.1	28.9	2.6
2000	10.4	39.3	7.3	10.8	57.4	29.6	2.7
2005	11.8	37.8	9.3	10.3	57.3	28.0	3.0
2010	13.8	31.7	11.0	11.6	54.2	28.7	3.3
2011	14.9	32.2	9.5	11.4	53.2	28.5	3.4
2012	13.6	31.0	9.3	10.8	51.1	32.4	2.9
2013	12.7	33.2	8.0	12.1	53.3	31.3	2.7

[그림5-1] 미국 가계금융자산 구성

*FRB (단위 : %)

1970년 1.4%에 불과했지만, 지속적으로 증가해 2010년 19.5%까지 늘어났다.

반면 예금 비중은 80년대 25% 수준에 이르렀지만, 지속적으로 하락해 현재는 펀드 비중보다도 낮아졌다. 자산운용 시장은 펀드 시장이 커지고, 상품들이 다양해지면서 본격적으로 발달하기 시작한다. 마찬가지로 자산운용 시장이 커지면서 펀드 시장도 커지는 선순환 구조가 만들어졌다.

자산운용Wealth Management이라는 단어는 1933년에 처음 쓰이기 시작했지만, 실제 그 기원을 따져 보면 중세의 '패밀리 오피스family office'라는 개념에서부터 시작한다. 패밀리 오피스는 6세기 유럽 집사majordomo의 역할에서 비롯된다. 당시 집사는 귀족 집안의 리더를 대신해 말을 전달하고, 미팅을 주선하고, 자산과 회계 관리 등을 맡았던 사람이다. 즉, 패밀리 오피스는 귀족 가족의 사무적인 일을 대신 맡아 운영하는 것을 뜻한다.

패밀리 오피스의 현대적인 개념은 19세기부터 본격적으로 시작한다. 1838년 J. P. 모건이 패밀리 오피스인 하우스오브모건House of Morgan을 설립한 뒤 자체적으로 가족 자산을 운용했고, 이후 1882년에 록펠러John Rockefeller도 하우스 오피스를 설립하면서, 미국에서 패밀리 오피스 유행이 시작됐다. 원래는 한 부유한 집안의 자산을 운용하면서 시작했지만, 이후 다른 부유층 집안의 자산운용도 맡으면서 멀티 패밀리 오피스multi-family office가 되었고, 이게 자산운용업의 시발점이 됐다.

이후 1980~1990년대에 컴퓨터, 정보통신, 인터넷과 같은 테크놀로지가 급속도로 발달하고 금융시장에서 상품이 다양해지면서 멀티 패밀리 오피스를 운용하기 위한 전문적인 금융 지식이 필요해지고, 동시에 자산운용에 대한 수요도 증가한다. 그래서 패밀리 오피스들은 가족 이외의 인력을 동원하며 더욱 크게 성장하기 시작했고, 그 결과 현대적 의미의 자산운용사가 탄생했다. 전문 자산운용사뿐 아니라 회계법인이나 투자자문 회사도 멀티 패밀리 오피스 모델을 받아들이면서 다양한 모습의 자산운용 회사들이 탄생한다.

하지만 20세기 후반까지만 해도 자산운용 서비스는 부유층에게만 제공되는 특별하고 사적private인 서비스였다. 그래서 기존에는

자산운용 서비스를 주로 프라이빗 자산운용private wealth management
이라고 불렀다. 하지만 여기에 중산층도 참여하게 되면서 보다 대중
적인 부유층Mass Affluent을 타깃으로 한 서비스로 확장됐고, 이때부터
현재 우리가 알고 있는 자산운용으로 불리게 됐다.

자산운용 서비스의 타깃 고객이 바뀌면서 그 근본적인 역할 및
비즈니스 모델도 바뀌기 시작했다. 고객의 목표, 근무 환경, 지출 패
턴 등을 파악해 고객의 목표를 달성하기 위한 투자 방안을 제공하기
시작한 것이다.

또 하나 주목해야 할 부분은 자산운용 시장을 근본적으로 바꿔
놓고 있는 테크놀로지의 발전이다. 최근 수년간 금융권에서 가장 핫
한 단어는 핀테크Fintech였다. 금융finance과 기술technology이 결합한
말인데, 우리는 핀테크 하면 우선 스마트폰 앱이나 간편결제 같은
것을 떠올린다.

하지만 사실 기술과 금융이 상호 관계를 맺으며 발전해온 역사
는 광범위하고도 오래됐다. 단지 테크놀로지가 우리 일상에 너무 깊
게 배어들어 있어 당연하다고 생각하게 된 측면이 있지만, 보이지
않는 방식으로도 오랫동안 중요한 역할을 맡아왔다.

1950년대에는 신용카드의 등장으로 현금을 들고 다녀야 하는
귀찮음을 덜어줬고, 1960년대에는 현금자동입출금기ATM가 발명돼
은행의 텔러 및 지점들을 바꾸기 시작했다. 1970년대에는 주식이
전자적으로 거래되기 시작됐고, 1980년대에는 더 복잡한 데이터 관

리 시스템이 개발되면서 은행들이 메인프레임mainframe 컴퓨터를 사용하기 시작했다. 그리고 1990년대에는 인터넷이 발전하면서 온라인 주식 중개사들이 등장하기 시작했다.

이처럼 핀테크는 꾸준히 새로운 기술을 금융에 접목하면서, 우리 일상에 스며들었다. 동시에 핀테크는 우리가 일상적으로 접할 수 없었던 부분에서도 발전을 이루었다. 리스크 관리, 거래 프로세싱, 데이터 분석 등의 기법이 금융에 들어온 것이다.

고령화, 저금리, 저출산, 무너진 경제성장률 등의 이유로 이제 자산관리는 선택이 아니라 필수가 됐고, 자산관리에 대한 일반 대중의 열망도 더욱 절박해졌다.

고금리 시절에는 저축과 연금을 통해 노후를 쉽게 준비할 수 있었던 반면, 요즘은 노후 준비를 위해 재테크를 하는 이른바 대중부유층이 급격히 늘어나고 있다. 미국에서는 2008년 글로벌 금융위기 이후 이러한 대중부유층을 타깃으로 하는 온라인 자산관리 회사가 빠르게 늘었다.

이들 대중부유층은 자산규모는 전통적인 부유층에 비해 작지만, 인원수는 더 많으므로 금융회사들에게는 충분히 매력적인 고객층이다. 금융자산 10만~100만 달러(1억~10억 원)를 가진 이들 대중부유층이 전 세계 자산 총액의 43%를 차지하고 있다.

그러니까 정리해보자면, 로보어드바이저 산업 성장 배경은 크게 다음의 다섯 가지 요소로 정리할 수 있다.

- **저금리 장기화로 목표 수익률 하향** : 목표 수익률 하향으로 전략적 자산배분의 중요성 부각.

- **핀테크 등 IT 기업의 금융업 진입** : 모바일 기기의 대중화 및 빅데이터를 활용한 알고리즘 운용 전략의 발달로 금융 서비스 분야로 스타트업 기업 진입이 활발해짐.

- **저렴한 수수료** : 기존 PB 상담수수료는 1년에 1% 이상인 반면, 로보어드바이저는 총비용 1% 미만.

- **절세 효과** : 미국 대부분 로보어드바이저 회사에서는 자본손실수확 효과를 위해 세무 서비스를 제공.

- **낮은 문턱** : 최소 투자금액이 0~10만 달러.

미국 전체 자산관리 시장은 30조 달러다. 딜로이트[16]에 따르면 아직은 시작 단계임이 분명하지만, 지금과 같은 성장세라면 2025년까지 로보어드바이저 자산관리 총액은 5~7조 달러에 이를 것으로 전망된다.

---

16 「Robo-Advisors Capitalizing on a growing opportunity」, Deloitte, 2015.

ETF, 컴퓨터공학, 빅데이터, 머신러닝이
결합된 금융시장의 알파고

그렇다면 로보어드바이저의 정체는 과연 무엇일까? 이 대답을 찾기 위해 우리는 그동안의 금융상품과 투자에 대해 알아봤다. 로보어드바이저의 대표적인 정의를 보면 '웹 또는 모바일 플랫폼을 통해 인간의 개입을 최소화하고 소프트웨어 기반의 자동화된 금융 자문 서비스를 제공하는 것'이다.

조금 더 구체적으로는 '빅데이터, 머신러닝, 알고리즘 등의 IT 기술과 현대포트폴리오이론이 결합하여 온라인 플랫폼을 통해 컴퓨터가 사람을 대신해 자산을 관리하는 기술'이다. 그럼 이제 로보어드바이저를 조금 더 제대로 이해하기 위해, 4차 산업혁명의 핵심 기술이라고도 할 수 있는 빅데이터, 머신러닝 등에 대해 간단히 알아보자.

빅데이터는 인간이 수작업으로, 또는 개인 PC 정도의 연산능력으로는 도저히 감당할 수 없는 엄청나게 큰 데이터다. 예컨대 어떤 특정 종목의 과거 주가 추이는 HTS로도 충분히 추적하고 분석할 수 있다. 하지만 전 세계 주요 증권거래소 전체의 모든 종목의 역사적 가격 데이터만 하더라도 엄청난 양이 된다. 블룸버그Bloomberg나 톰슨 로이터Thomson Reuters 같은 금융정보 회사들은 이런 데이터를 제공하는 것만으로 1년 구독료를 2만 달러 이상(약 2,200만 원) 받는다.

게다가 로보어드바이저의 핵심 기술이라 할 수 있는 '상관관계 분석'은 이보다 훨씬 더 많은 데이터가 필요하다.

이런 대규모로 저장된 데이터 안에서 체계적이고 자동적으로 통계적 규칙이나 패턴을 찾아내는 기술을 '데이터 마이닝Data Mining'이라고 부른다. 로보어드바이저 시스템에서는 종목 선정과 포트폴리오를 구성할 때 핵심적으로 반영되는 기술이다. 데이터 마이닝을 통해 자산을 분류하고, 그룹별로 나누고, 상관관계를 분석하고 예측하는 등의 다양한 결과를 뽑아낸다. 따라서 데이터 마이닝은 투자할 때 시장 상황에 있어 언제when, 무엇을what, 얼마나how much의 세 가지 값을 분석할 때 많이 쓰인다. 투자 수익이 나려면 이 세 가지 값이 적절해야 하는데, 그 값을 추론하기 위해 수많은 가격 데이터를 통한 데이터 마이닝 기술이 쓰이는 것이다.

데이터 마이닝만큼 텍스트 마이닝Text Mining이란 기술도 중요하다. 정형화되고 구조화된 데이터를 다루는 데이터 마이닝과 달리, 텍스트 마이닝은 비정형 텍스트 데이터에서 가치와 의미가 있는 정보를 찾아내는 기술이다. 사용자는 텍스트 마이닝 기술을 통해 방대한 정보 뭉치에서 의미 있는 정보를 추출하고, 다른 정보와의 연계성을 파악해 텍스트가 가진 카테고리를 찾아내는 등 단순한 정보 검색 이상의 결과를 얻어낼 수 있다. 컴퓨터가 인간이 사용하는 언어로 기술된 정보를 깊이 분석하고 그 안에 숨겨진 정보를 발굴해내기 위해서는 대용량 언어자원과 복잡한 통계적, 규칙적 알고리즘이 적용되어야만 한다.

예를 들어, 로보어드바이저는 뉴스 텍스트 마이닝을 통해 인공지능 예측 모델을 만들 수 있다. 인터넷에서 보도되는 뉴스 기사를 기반으로 특정 단어 및 표현을 분석해 금융시장과 포트폴리오에 미치는 영향을 분석해내는 것이다. 이런 예측 모델을 통해 안정적인 자산운용을 제공하는 것이 결국 로보어드바이저의 핵심이다.

한편 머신러닝이란, 컴퓨터에 샘플 데이터를 통한 지속적인 학습으로 문제에 대한 답을 얻어내는 방법을 말한다. 머신러닝은 말그대로 기계가 지속적으로 배우고 발전해나갈 수 있는 기능과 알고리즘을 뜻한다. 예를 들어 어떤 포트폴리오를 구성하고 기대수익률을 산출하였을 때 포트폴리오의 실제 수익률과 차이가 난다면 기대수익률 산출 프로세스에서건 포트폴리오 구성에서건 어디선가 에러 error가 났다는 의미다. 이 에러를 찾아내서 개선하고, 이 절차를 수차례 반복하고 실수와 변수를 학습하여 더 완벽한 시스템을 만드는 것이 머신러닝의 역할이다.

로보어드바이저의 작동 원리는 바로 이 머신러닝에 기초를 두고 있다. 고객의 목표 수익률을 달성하기 위해 전 세계에서 운영되는 기초자산 목록과 수익률 변동을 빅데이터로 축적하고 경제지표, 환율지표, 증시지표, 각종 뉴스 정보를 결합한 후 고객 본인의 리스크 취향, 투자 스타일 등을 함께 분석해 최적의 자산 포트폴리오를 제안한다.

그리고 수익률을 점검해서 애초 목표 대비 미달하거나 초과할 경우, 즉 에러가 발생했을 경우, 그 원인을 빅데이터 분석에 기반으로 두고 찾아낸다. 분석된 에러 역시 빅데이터에 축적돼 에러 패턴을 이루게 되고 포트폴리오 조정 시 이 패턴을 참조하게 된다.

파봇Fabot을 개발한 국내 주요 로보어드바이저 업체 중 하나인 BSMIT 변인선 대표는 이런 로보어드바이저의 핵심 기능에 대해 명쾌하게 설명한다.

> 로보어드바이저는 인공지능과 알고리즘이 기반을 이룬 자동화된 투자 시스템이라 할 수 있으며, 크게 3가지 핵심 기능이 포함돼 있어야 한다. 첫째, 자동으로 포트폴리오를 구성할 수 있어야 하며, 둘째, 자동으로 트레이딩을 할 수 있어야 하고, 셋째, 자동으로 리밸런싱을 할 수 있어야 한다. 그리고 가장 중요한 것은 그 과정에서 사람이 임의적으로 변수를 조정한다든가, 매매 과정에 개입한다든가 하는 게 없어야 한다.[17]

또한, 그는 로보어드바이저 시스템을 만드는 과정도 셋으로 나누어 설명하는데, 그 과정을 간단히 요약해보겠다.

가장 먼저 필요한 건 '투자 전문가 시스템'이다. 로보어드바이저가 워런 버핏, 벤저민 그레이엄 등의 실제 투자 전문가를 따라 배우는 과정이다. 그들의 투자 행동의 패턴을 찾아내 이를 알고리즘으

17　변인선, 「핀테크의 꽃, 로보어드바이저」, Financial IT Frontier, 2016.

로 만들어 프로그램화한다. 이렇게 탄생한 투자 전문가 시스템은 실제 시장에서 2~3년 검증해 그 실력을 입증해야 실제 로보어드바이저로 효용성을 갖게 된다.

그다음 단계에서 활약하는 기술이 바로 앞서 설명한 머신러닝이다. 바둑의 알파고가 수많은 기보를 익히고 이를 토대로 스스로 학습해 진화해왔다는 사실을 떠올리면 된다. 로보어드바이저 역시 투자 전문가로부터 배운 투자법을 토대로 스스로 경험을 쌓아가며 발전해나간다.

마지막으로 로보어드바이저의 스승격인 투자 전문가를 완벽하게 뛰어넘으려면 딥러닝이 필요하다. 딥러닝은 간단히 머신러닝이 좀더 고도화된 기술이라고 생각하면 된다. 바로 이 딥러닝 기술로 전문가가 알려준 어떤 함수의 내부 값들을 스스로 찾아내, 완전히 새로운 함수를 만들어낼 수 있다.

[그림5-2]는 파봇의 로보어드바이저 엔진이고, [그림5-3]은 파운트의 자산관리 구조다. 이것만 봐도 빅데이터, 머신러닝, 딥러닝 등이 어떻게 로보어드바이저 시스템을 만드는지 전체적인 구조를 이해할 수 있을 것이다.

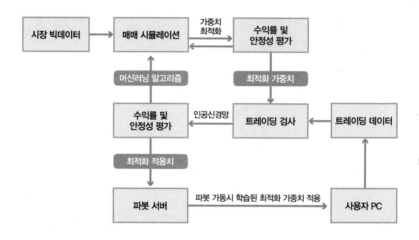

[그림5-2] 파봇 인공지능 NIBC 엔진

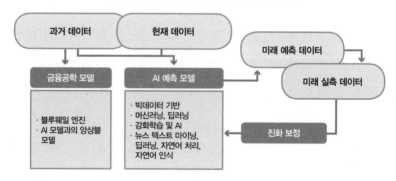

[그림5-3] 파운트의 자산관리 구조

딥러닝 자연어 처리 및 강화학습 기반 AI 로보어드바이저
➡ 금융공학모델의 앙상블 모델 확창 및 미래 변동성 반영

현대포트폴리오이론의
극대화

현대포트폴리오이론은 해리 마코위츠가 개척하며 노벨경제학상을 받은 이론으로, 투자할 때 수익return은 최대화하면서 위험risk은 최소화되도록 포트폴리오를 구성하는 방법이다. 이 장의 서두에 간단히 설명했지만, 약간 더 자세히 현대포트폴리오이론을 살펴보기로 하자.

현대포트폴리오이론을 설명하기에 앞서 모든 투자에 해당하는 기본 개념을 짚고 넘어가자. 한 상품의 기대수익률이 높다는 의미는 투자자가 그만큼의 리스크를 감안해야 함을 뜻한다. 즉, 모든 금융상품은 기대수익률이 높을수록 손실 위험도 크고, 기대수익률이 낮으면 리스크도 적다. 리스크와 기대수익률이 정확하게 비례하지는 않지만, 고위험 고수익high risk, high return은 당연한 것이다. 설사 리스크가 낮은데 수익률이 높은 저위험 고수익low risk, high return 상품이 있다 하더라도, 금세 사람과 돈이 몰려들어 수익을 나눠버리기 때문에, 결국 다시 저위험 저수익low risk, low return이 된다.

이때 리스크가 크다는 건 변동성volatility이 크다는 걸 뜻한다. 예를 들어 상품 A의 변동성이 10%이고 상품 B의 변동성이 5%라면 상품 A의 리스크가 더 크다. 상품 A는 많이 벌 때는 10% 수익을 내지만, 손실이 크게 나면 상품 가격의 10%만큼 내려갈 수도 있다. 반면 B는 최대 수익과 손실이 5%밖에 나지 않기 때문에 비교적 안정적이다. 수학적으로 말하면 리스크는 기대수익의 표준편차다. 표준편차라는 말이 어렵게 느껴진다면 그냥 변동성 정도로만 이해하면 된다.

현대포트폴리오이론은 다양한 금융상품으로 포트폴리오를 구성함으로써 포트폴리오의 리스크를 낮출 방법을 제공하는 것이 핵심이다. 포트폴리오의 리스크를 최소화함으로써 해당 포트폴리오의 기대수익률은 그 리스크 레벨에서 상대적으로 최대화되었다고 볼 수 있다. 다시 말하면, 현대포트폴리오이론은 리스크 대비 기대수익률이 가장 높은, 혹은 기대수익률 대비 리스크가 가장 낮은 포트폴리오를 구성할 수 있도록 발판을 제공하는 이론이다.

그러니 현대포트폴리오이론으로 포트폴리오를 구성한다면 위험은 최소화되고 기대수익률은 최대화될 것이다. 다시 말해, 고객이 어떤 특정한 기대수익률을 원하고 그 기대수익률에 맞춰 포트폴리오를 구성하면, 리스크는 그 기대수익률에서 나올 수 있는 최소치가 될 수 있을 것이다. 마찬가지로 감당할 수 있는 리스크를 설정하면, 그 리스크 레벨 대비 가장 높은 기대수익률을 제공할 수도 있을 것이다. 이런 포트폴리오를 바로 '효율적인 포트폴리오efficient portfolio'라고 부른다.

효율적인 포트폴리오는 한마디로 기대수익률/리스크의 비율이 극대화된 포트폴리오다. 이 기대수익률/리스크의 비율을 윌리엄 샤프의 이름을 따 '샤프지수Sharpe ratio'라고 부른다. 한 리스크 레벨에서 가장 높은 샤프지수를 보유한 것이 바로 효율적인 포트폴리오다.

위의 설명을 이어서 생각해보자. 투자자들이 감수하고 싶은 리스크가 다르고, 각 리스크마다 수익률이 최대화된 포트폴리오를 구성할 수 있다면, 이 포트폴리오들은 리스크 대비 수익률이 최대화돼 있는 것이다. 이처럼 샤프지수가 각 리스크 레벨에서 가장 높은 포트폴리오를 나열하면 '효율적 포트폴리오들의 모음'이 된다.

이것을 '효율적 투자선efficient frontier'이라고 부른다. 효율적 투자선 아래 무수한 포트폴리오가 존재한다. 하지만 이 비효율적인 포트폴리오들은 효율적인 포트폴리오와 같은 리스크를 보유함에도 불구

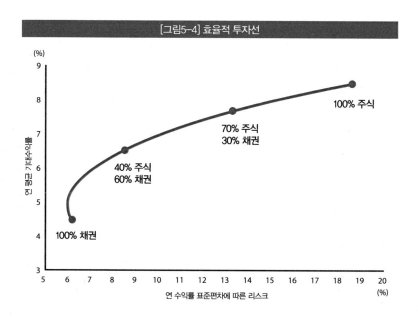

[그림5-4] 효율적 투자선

하고 더 적은 기대수익률을 보유하거나, 기대수익률이 효율적 포트폴리오와 같음에도 불구하고 더 높은 리스크를 보유할 것이다.

이 효율적 투자선을 나타내는 그래프에서 x축은 리스크이고, y축은 그에 따른 기대수익률이다. 현대포트폴리오이론을 통해 만든 효율적인 포트폴리오를 리스크별로 나열한다면 [그림5-4]의 선처럼 구성이 된다. 따라서 선 아래 존재하는 포트폴리오들은 비효율적인 포트폴리오라고 볼 수 있다.

현대포트폴리오이론에서는 효율적인 포트폴리오를 구성하기 위해 리스크를 최소화한다. 이처럼 리스크를 최소화하는 과정을 다변화diversification라고 부르는데, 이때 중요한 것이 바로 상관관계와 자산의 수다.

현대포트폴리오이론은 자산 간의 상관관계가 낮을수록 리스크가 낮다는 사실을 밝혔다. 자산 간의 상관관계는 수학적으로 상관계수correlation coefficient라고 부르며 −1에서 1까지로 수치화된다.

예를 들어 자산 A와 B가 있고, A의 주가가 올라갈 때 B의 주가도 함께 올라간다면 이 두 자산 사이에는 양의positive 상관성이 존재한다. 만약 이 두 자산의 주가가 완벽하게 일치하여 같은 비율로 움직인다면 상관계수는 +1이다. 반면 두 자산의 주가가 같은 시간대에 반대로 움직인다면 두 자산은 음의negative 상관관계다. 두 자산의 주가가 같은 비율로 반대로 움직인다면 두 자산의 상관계수는 −1이다. 만약 두 자산 간에 아무런 관계가 없다면, 그러니까 어떨 때는 같은 방향, 어떨 때는 반대 방향, 어떨 때는 한 자산은 안 움직이는 등 완벽하게 불규칙적으로 움직이면 상관계수는 0이다.

따라서 리스크를 최소화하려면 자산 간의 상관성이 가장 낮은 (상관계수가 0에 가까운) 자산을 골라 포트폴리오를 구성해야 한다.

이게 직관적으로 잘 이해가 안 된다면, 자산 포트폴리오의 변동성을 생각해보자. 설명한 대로, 리스크는 변동성과 같은 말이다. 만약 상관관계가 높은 자산으로 포트폴리오를 구성한다면 이 자산들은 모두 같은 방향으로 움직일 가능성이 크기 때문에 수익과 손해 범위가 더 커지고, 따라서 변동성도 더 크다. 반면 자산 간의 상관성이 낮은 자산들로 포트폴리오를 구성한다면 여러 자산의 움직임이 다양하고 그 움직임의 정도도 다를 것이다. 따라서 이 포트폴리오는 전 포트폴리오보다 변동성이 더 적다.

따라서 상관성이 낮은 자산들에 투자하여 포트폴리오를 구성한다면 장기적으로 안정적인 수익을 낼 수 있다. 반면 상관성이 높은 자산들로 포트폴리오를 구성하면 수익이 날 때는 많이 나지만 잃을 때는 많이 잃을 것이다. 리스크가 클 수밖에 없다. 따라서 자산 간의 상관관계가 낮으면 리스크 분산효과가 극대화되기 때문에 포트폴리오의 리스크를 낮출 수 있다.

그렇다면 최적의 자산배분이란? 바로 지정된 리스크별 가장 높은 기대수익률을 제시할 수 있는지 여부가 로보어드바이저의 핵심 경쟁력이 된다. 로보어드바이저 회사들의 성패도 결국 이 '자산배분

을 얼마나 효율적으로 하느냐'에 달린 것이다. 자산배분이 장기 포
트폴리오 운용 성과의 90%를 결정한다는 연구 결과[18]도 있다.

18　Brinson, Hood, Beebower, 「Determinants of Portfolio Performance」, 1986.

부동산 문제의 핵심은
갈수록 벌어지는 격차다

어느 나라에서든 집 걱정 안하는 사람은 드물겠지만, 한국인의 부동산 사랑은 참으로 유별나다. 한국인의 자산 중 부동산이 차지하는 비중은 다른 주요 국가들보다 훨씬 높다. 무려 70%가 넘는다. 참고로 미국은 30%, 일본은 40%, 영국은 50%, 호주는 60% 수준에 불과하다.[19]

여러 이유가 있겠지만, 우리 국민들의 DNA에 뼛속까지 각인된 '부동산 불패 신화' 덕이 크다. 실제 대한민국의 역사가 부동산 불패의 역사였기 때문이다. 부동산 가격은 크게 땅값(지가)과 주택 가격으

---

19 「2014 주요국 가계 금융자산 비교」, 금융투자협회, 2014.

로 나뉘는데, 우선 땅값을 보자.

우리나라 국토 전체의 땅값을 모두 더하면 얼마 정도일까? 한국
은행에 따르면 지난 2013년 기준 5,848조 원에 달한다.[20] 워낙 큰돈
이라 감이 잘 안 올 텐데, 2조 원이 채 되지 않았던 1960년대 중반
과 비교하면 50년 사이 땅값이 무려 3천 배가 뛰었다.[21]

땅값이 3천 배 뛰는 동안, GDP는 1,933배 증가했다. 국가 전
체의 소득이 늘어나는 속도보다 훨씬 빠른 속도로 땅값이 오른 것이
다. 그 어떤 투자보다 땅 투자가 수익률이 좋았고, 특히 강남과 같이
개발 지역의 정보를 알고 투자하면 '대박 신화'를 달성할 수 있었다.

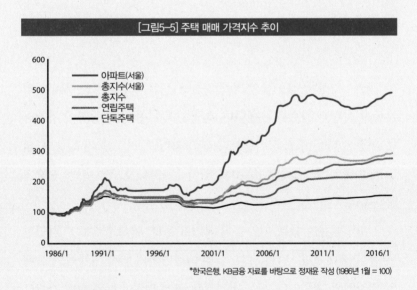

[그림5-5] 주택 매매 가격지수 추이

*한국은행, KB금융 자료를 바탕으로 정재윤 작성 (1986년 1월 = 100)

---

20 「우리나라의 토지자산 장기시계열 추정」, 한국은행, 2015.
21 「GDP 1,933배 오를 동안 땅값은 2,976배 상승」, 중앙일보, 2015-11-16.

이것이 부동산 불패 신화의 연원이 됐다.

50년 동안 폭등한 우리 땅값. 그렇다면 선진국들과 비교하면 우리나라 땅값은 어느 정도 수준일까.

2014년 경제협력개발기구(OECD) 자료에 따르면 국토 면적 10만 제곱킬로미터인 우리나라의 총 지가가 5조 9000억 달러인데, 국토 면적이 각각 35만 7000제곱킬로미터, 774만 제곱킬로미터인 독일, 호주가 각각 4조 7000억, 4조 3000억 달러에 불과하다. 우리나라 땅을 다 팔면 한국 땅의 3.5배인 독일과, 한국 땅의 77배인 호주 땅을 사고도 남는다. 부동산 가격이 높기로 악명을 떨친 일본조차도 37만 7000제곱킬로미터에 10조 6000억 달러라고 하니, 단위 면적당 땅값은 한국의 절반도 안 된다.[22]

그럼 이제 주택 가격에 대해 살펴보자. 과연 한국의 주택 가격은 쌀까, 비쌀까? 흔히들 비싼 걸로 알고 있었는데, 최근에는 한국의 주택 가격이 아주 저평가됐다, 싸다는 주장을 하는 사람도 있다. 일단 우리나라는 '서울 공화국'이라고 불릴 정도로 모든 것이 서울에 집중돼 있는 만큼, 서울 집값부터 살펴볼 필요가 있다.

중요한 포인트는 이미 2012년 서울 평균 주택 가격이 절대 수준으로도 웬만한 선진국 주요 도시 집값을 넘어섰다는 것이다. 2012년 주요국의 평균 주택 가격을 나타낸 [그림5-6]을 보면 알 수 있듯, 서울의 주택 가격은 뉴욕, LA, 런던보다 비싸다. 서울보다 비싼

---

22 박병원, 「부동산 가격 안정, 왜 공약에 없나?」, 조선일보, 2017-4-28.

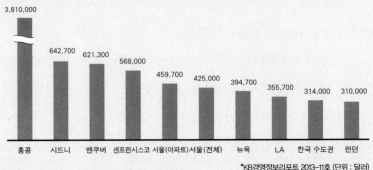

3,810,000

642,700 621,300 568,000 459,700 425,000 394,700 355,700 314,000 310,000

홍콩　시드니　밴쿠버　샌프란시스코　서울(아파트)　서울(전체)　뉴욕　LA　한국 수도권　런던

*KB경영정보리포트 2013-11호 (단위 : 달러)

도시는 전 세계에서 가장 비싸다고 알려진 홍콩, 시드니, 밴쿠버 정도다. 2013년 이후 서울 주택 가격은 더욱 급등해, 2017년 6월 서울 평균 주택 가격은 5억 4314만 원, 평균 아파트 가격은 6억 1755만 원에 달한다.[23]

　　미국은 한국보다 1인당 국민소득이 두 배 이상이고, 뉴욕은 여전히 세계 경제의 중심지인데, 어떻게 서울 집값이 뉴욕보다 비쌀까. 불합리해 보이지만, 사실 다 이유가 있다. 가장 큰 게 과밀이다. 지방이 아무리 살기 좋아도, 좋은 일자리가 워낙 적기 때문에 모두가 서울로만 몰리고 있다. 이렇게 과밀한 인구와 서울 독점이, 서울 집값을 끌어올리고, 유지시켜주는 이유다.

　　'극심한 서울 밀집', '세계 최고 인구밀도', 둘 다 단기간에 해결

---

23 「KB주택 가격동향(2017년 6월)」, KB부동산.

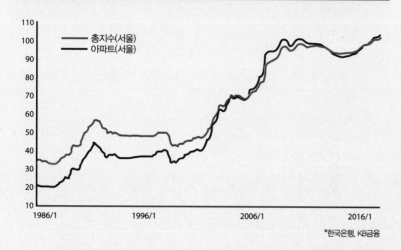

[그림5-7] 1986년 1월 ~ 2017년 1월 서울 주택 가격 추이

총지수(서울)
아파트(서울)

*한국은행, KB금융

하기 어려운 문제다. 그래서 필자는 서울 집값이 당분간은 크게 빠질 가능성은 낮다고 본다. 서울에 살고자 하는 수요는 계속 증가하는 반면, 공급은 절대적으로 부족하기 때문이다. 그렇다고는 하지만 위기 상황이 오면 언제든 10~20% 정도의 하락은 충분히 가능한 일이다. 이미 우리는 그런 경우를 몇 번 본 적이 있다.

2014년 초이노믹스 이후, 지난 수년간 집값이 계속 오르자, '서울 집값이 글로벌 주요 도시에 비해 저평가됐다'는 참신한 주장을 하는 사람이 여럿 나왔다. 서울 집값이 정말 쌀까. 그들이 어떤 근거로 이런 주장을 하는지 그 데이터를 확인해봤다.

이 글이 인용한 책 『대한민국 부동산 대전망』의 원문을 찾아보니, 이 통계의 출처는 한국은 한국감정원 평균 주택 매매가이고, 외국은 Numbeo라는 사이트다.

어처구니없는 비교다. Numbeo는 인터넷에서 네티즌들이 자발적으로 입력한 자료들을 평균해 세계 주요 도시 물가를 비교하는 사이트다. 그러니까 여기는 도쿄의 평균 집값이 아니라, 도쿄 다운타운의 대표적 아파트 집값이 나오는 것으로, 전용 85제곱미터가 19억 7천만 원이면 롯본기힐스 같은 시내 한복판, 초고급 아파트에나 붙는 가격이다.

안타까운 것은 의도적이건 무지하건, 이런 글을 쓴 애널리스트, 이코노미스트들의 잘못된 인용 못지않게, 이런 허위 사실을 뻔히 알 만한 진짜 경제 전문가, 일본 전문가들이 그냥 입을 다물고 있다는 것이다.

참고로 서울과 주요 도시 집값에 대해 신뢰할 만한 통계를 찾아봤다. 먼저 한국은행 자료[24]의 2014년 3분기 주택 가격 중간값이다.

서울: 406,550(USD)

뉴욕: 410,800(USD)

도쿄: 263,025(USD)

대략 뉴욕과 비슷한 수준이며 도쿄보다 50% 이상 비싸다. 반면, 같은 해 1인당 GDP는 다음과 같다.

한국: 28,739(USD)

미국: 54,678(USD)

일본: 37,540(USD)

미국의 1인당 소득은 한국의 두 배 가까이 되고, 일본은 30% 이상 높다. KB부동산에 따르면 지난 3년간 서울 주택 가격은 급격히 상승해 2017년 3월 현재 서울 평균 주택 가격은 5억 3천만 원, 아파트는 6억 17만 원에 이른다. 최근 거래되는 실제 도쿄의 집값은 어떨까. 2017년 1월 도쿄 평균은 4,824만 엔(약 4억 8천만 원), 도쿄의 중심지라 할 수 있는 23구 평균은 5,317만 엔(약 5억 3천만 원)이다.[25]

---

24 「[현지정보] 최근 홍콩 주택 가격 하락의 원인 및 전망」, 한국은행, 2016.
25 「1月中古マンション売り価格 東京23区は3ヵ月ぶりに下落」, 일본주택신보, 2017-2-21.

*한국은행

　한편, 부동산의 미래를 볼 때 아주 중요한 것 중 하나가 정부 정책이다. 지난 수년간의 부동산 급등도 초저금리로 돈을 풀고, 부동산 관련 온갖 규제를 완화해 기름을 부어준 영향이 크다.

　문제는 앞으로는 우리만 혼자, 마냥 이렇게 빚으로 집값을 부양하기 어렵다는 것이다. 앞서 금리 편에서 살펴봤듯이, 미국과 글로벌 금리가 오름세를 보이는데, 한국만 '용가리 통뼈'라고 저금리를 유지하기는 어렵다.

　꼭 이런 상황이 발생하지 않더라도 이런 기대와 전망 자체가 바로 시장에 반영된다. 2016년 말부터 급격히 시장금리가 오르고 있는 것이 이를 보여준다. 시장금리와 정책금리는 상호 영향을 미치기 때문에, 어느 하나만 반대 방향으로 마냥 움직일 수 없다.

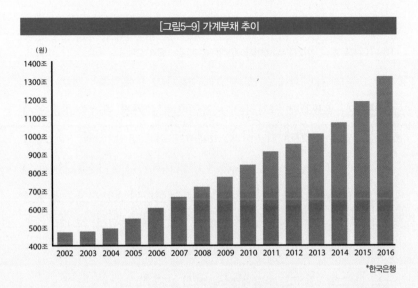

[그림5-9] 가계부채 추이

(원)

1400조
1300조
1200조
1100조
1000조
900조
800조
700조
600조
500조
400조

2002 2003 2004 2005 2006 2007 2008 2009 2010 2011 2012 2013 2014 2015 2016

*한국은행

현재 상황에서 금리가 특히 더 중요한 까닭은 가계부채 때문이다. 이미 지난해 가계부채가 1300조 원을 넘어섰고, 가구당 평균 부채는 6천 655만 원으로 1년 만에 6.4%가 급증했다.

지난 2016년 12월 신성환 금융연구원장은 "대출금리가 1%포인트 오르면 집값은 2.7% 하락하고, 위험가구는 32만 4000 가구에서 36만 5000 가구로 늘어날 것"이라고 전망했다.[26] 또 현대경제연구원은 버는 돈보다 갚을 돈이 더 많은 한계가구를 그 다섯 배인 160만 가구로 추산했다.[27]

금융부채가 금융자산보다 많고, 원리금 상환액이 가처분 소득

---

26 「신성환 금융연구원장, 금리 1%포인트 오르면 36만 가구 빚 갚기 힘들다」, 한국경제, 2016-12-29.
27 「160만 가구 평균 소득보다 빚이 더 많다…금융부채 자산보다 2.6배 많아」, 서울경제, 2016-3-20.

의 40%를 넘는 '고위험 채무가구'인데, 가구당 평균 가족 수가 2.9명이라면, 460만 명이 벼랑 끝에 몰리는 셈이다.

그런데 사실 집값을 볼 때 평균만 가지고 얘기하는 것은 큰 의미가 없다. KB주택 가격지수가 국내에서는 가장 광범위하고 역사가 오래된 주택 가격 지표인데, 이에 따르면 1986년 1월 대비 2017년 7월 집값 상승률이 전국 평균 177.76%이다. 31년 6개월 동안 177.76% 올랐기 때문에, 연평균으로 계산하면 3.3% 상승에 불과하다. 이것만 보면 소득 대비 크게 오르지 않은 것이다. 이 데이터를 근거로 한국 집값이 싸다고 주장하는 전문가들이 많지만, 이는 '평균의 함정'일 뿐이다. 이걸 한번 뜯어서 보자.[28]

서울 강남 아파트: 485.67%

6개 광역시 아파트 : 379.77

서울 강북 아파트: 256.44%

서울 전체 평균 : 195.17%

서울 강남 단독주택 : 125.83%

서울 강북 단독주택 : 88.51%

6개 광역시 단독주택 : 49.80%

---

28 KB가격지수 시계열 자료는 KB부동산 사이트 부동산정보 〉KB부동산 통계정보 〉월간 KB주택 가격동향에서 엑셀 파일로 받을 수 있다.

평균으로는 보지 못했던 많은 것이 눈에 보인다. 그러니까 지난 30여 년간 서울 강남 아파트 상승률은 6개 광역시 단독주택의 열 배에 달한다. 서울 강남과 강북은 물론 전국 각 지역별 격차도 훨씬 커졌고, 아파트와 단독주택의 집값 격차 역시 엄청나게 벌어졌다.

오해하지 말아야 할 것이 국민은행 KB주택 가격지수에서 강남 은 강남3구나 강남4구가 아니라, 말 그대로 한강 이남의 모든 구를 뜻한다는 것이다. 관악구, 금천구, 구로구 등 크게 오르지 않은 지역 이 포함되어 있다. 때문에 실제 강남 3구의 상승률은 이것보다도 훨 씬 높을 것이다.

결국, 한국 집값의 문제는 집값이 오르느냐 내리느냐의 문제가 아니라 엄청난 격차의 문제다. 이 격차를 어떻게 지속가능할 정도로 줄일 것인가, 바로 여기에 주택 정책도 초점을 맞춰야 하는 것이다. 투기지역, 투기과열지구, 조정대상지역을 지정한 '8.2 부동산 대책' 의 핵심도 바로 여기에 있다고 이해해도 좋다.

그러면 앞으로 서울 집값은 어떻게 될까. 일단 '부동산 필패론' 대 '부동산 불패론'의 전투를 간단히 살펴보자. 우리나라의 부동산 필패론과 부동산 불패론의 논쟁은 유래가 길다. 그동안은 불패론이 압도적 우세를 점해왔다.

지난 2013년 이후 2016년까지 글로벌 저금리와 초이노믹스 등 부동산 규제완화, 가격 끌어올리기 정책에 힘입어 한국 부동산 시장 은 빠른 속도로 회복을 했고, 상당수 지역은 2006년 고점을 넘어 역대 최고가를 넘어섰다. 그러면서 다시 빠르게 확산된 여론이 부동산 불패론이다.

반면, 2010년부터 2013년까지 3~4년 동안은 부동산 가격이 빠졌기에, 부동산 필패론이 유행했다. 경제에서 대체적인 여론은 대개 '사후 확증 편향적'이다. 미래를 예측하는 것은 불가능하기에, 사람들은 현재와 과거, 특히 가까운 과거 얘기에 경도된다. 그러므로 현재 지배적인 여론이 무엇인가를 가지고, 미래를 예측하는 것은 굉장히 위험하다.

2012~2013년도는 부동산 필패론이라는 비관주의 여론이 득세했다. 그 때문에 많은 사람이 집 사는 것을 미루고 전세를 계속 전전했는데, 예상과 다르게 얼마 후 집값은 급등하고 전세가 역시 계속 급등해, 졸지에 전세난민이 되어버렸다. 이들의 분노의 화살이 그 비관주의 전문가라는 사람들에게 쏠리는 것이다. "너 말 믿고 집 안 샀다가, 이 꼴 됐다"라는 분노다.

이번에는 이런 여론에 편승해 부동산 불패론자들이 우후죽순 나타났다. 하지만 2007년 부동산 경기가 꺼지기 직전에도 부동산 불패론이 우세했다는 사실을 돌이켜보면 분위기에 휩쓸리는 것이 얼마나 위험한지 잘 알 수 있다.

현재는 시장이 과열된 상태인 만큼 새 정부 출범 후에는 본격적으로 부채 조이기를 통한 집값 잡기 정책에 들어갔다. 2017년 '6.19 대책'의 핵심 중 하나는 초이노믹스 때 완화해놓은 LTV, DTI 규제를 예전대로 복원하는 것이다. '8.2 대책'에서 투기지역 등은 LTV, DTI 규제가 더욱 강화됐다.

이에 대해 부동산 불패를 주장하는 사람들 중 일부는 LTV, DTI를 오히려 더 완화해야 한다며, 특히 LTV는 90%, 100%까지 대출을 해줘서 내 돈이 거의 없어도 집을 살 수 있게 해줘야 한다는 주장을 하기도 한다. 물론 주류 경제학자 중에 그런 주장을 하는 사람은 찾아보기 힘들지만, 사이버 세상에서는 이런 주장도 상당히 호응을 얻는 것처럼 보인다.

LTV를 90%로 올려서, 그러니까 빚을 최대한으로 당겨, 집을 사게 하면 어떻게 될까. LTV를 90%로 올리면, 당장은 집 없는 사람들도 집 사기가 쉬워질 것이다. 3천만 원만 있어도 2억 7천을 빌려, 3억짜리 집을 살 수 있으니, 그래서 무주택자들도 너도나도 집을 살 수 있으니, 이제 행복해지는 일만 남았을까.

그들 말대로라면 집값이 떨어질 리도 없는데, 그깟 90%가 대수일까. LTV 100%, 110%로 하면 어떨까.

농담이 아니라 실제 그렇게 했던 경우가 제법 있다. 2000년대 중반 미국의 서브프라임 모기지가 대표적이다. 집값의 100%는 물론 110%까지도 대출을 해줬다. 너도나도 집을 사러 나섰고, 내 돈 한 푼 들이지 않고, 집을 수 채, 수십 채씩 쇼핑하는 사례가 속출했다. 약간 과장을 보태, 사막 한복판에 집을 지어도 집값은 하늘 높은 줄 모르고 치솟았다. 거지들도 모두가 부자가 된 것처럼 부의 효과

[그림5-10] 2010~2017년 서울 평균 아파트값 추이

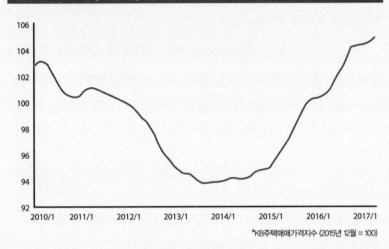

*KB주택매매가격지수 (2015년 12월 = 100)

wealth effect[29]를 누리며 흥청망청 행복했다.

그 결과는 어떻게 됐을까. 알다시피, 자기 자산 없이 빚으로만 집을 산 서민들부터 박살이 났다. 결국 이 서브프라임 모기지로 인해 대공황 이후 최대 글로벌 경제위기가 났고, 이는 한국에도 엄청난 영향을 끼쳤다.

LTV는 당장 대출자, 즉 은행의 건전성을 위한 규제지만, 결과적으로는 차입자, 즉 서민을 보호하는 규제이기도 하다.

[그림5-10]을 보면 알 수 있듯, 2010년부터 2013년까지 서울 집값은 평균 10% 가까이 하락했다. 만약 이때 LTV 90%로 대출을

---

29 주식 등 자산의 가치가 증대되는 경우 그 영향으로 소비가 늘어나는 효과를 말한다. 집이나 주식 등의 자산의 가격이 올라갈 경우 사람들은 소득이 그대로라도 소비를 늘리게 된다. '자산효과'라고도 한다. (한경 경제용어사전)

받았다면 어떻게 됐을까? 은행은 원금도 회수 못 할 것이라는 생각에 바로 담보회수에 들어갔을 것이고, 그러면 가격은 더욱 폭락했을 것이다. 서민들은 그 집에 얼마 살아보지도 못하고 쫓겨나고, 집 팔아도 빚도 갚지 못해 신용불량자 신세가 되어 홈리스로 떠돌게 됐을 것이다.

그나마 LTV 규제를 해놓았기 때문에, 주택 가격 하락에도 버틸 수가 있었다. 상승장에서는 다들 행복한 꿈만 꾸지만, 분위기는 언제 어떻게 바뀔지 모른다. 석 달 앞도 모르는데 30년 앞을 누가 어떻게 알 것인가.

한편 한국에는 전 세계에서 유일한 부동산 제도가 있다. 바로 전세인데, 전세가 한국 부동산 시장에 끼친 영향은 막대하다. 사실 1990년대까지만 해도 대부분 개인은 은행에서 큰돈을 빌리지 못했다. 가계는 저축을 하고, 은행은 기업에 대출을 해주는 것이 금융의 상식이었다. 이때 전세는 집주인이 세입자에게 무이자로 대출을 받는 것이나 마찬가지였다. 대신 세입자는 집값의 절반 정도 수준으로 거주할 수 있었다.

즉, 전세는 세입자와 집주인 모두 '윈윈'할 수 있었던 제도였다. 하지만 전세는 고금리와 꾸준한 집값 상승이 담보돼야만 유지할 수 있는 제도다. 집값은 오르지 않고 초저금리가 유지되니, 자연스럽게 전세는 월세로 빠르게 전환되었다. 전세 비중이 줄어들면서 전세 품귀현상이 일어났고, 전세 가격도 가파르게 올랐다.

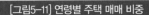

[그림5-11] 연령별 주택 매매 비중

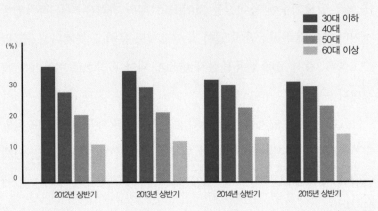

30대 이하
40대
50대
60대 이상

(%)

30

20

10

0

2012년 상반기   2013년 상반기   2014년 상반기   2015년 상반기

*아시아경제

저금리가 장기화되는 한 전세의 미래는 밝지 않다. 대부분의 선진국처럼 결국 임대는 월세가 표준이 될 것으로 보인다. 물론 단기적으로 보면 최근 전세 공급을 늘린 갭투자의 유행이 앞으로 어떻게 될 것이냐에 따라 달라질 것이다.

인구구조 역시 부동산 시장에서 굉장히 중요한 요소다. 당장 2017년부터 생산가능인구가 줄어든다. 일부에서는 인구 증가율이 줄어도 가구 수는 늘기 때문에, 부동산 가격이 계속 오른다며 '인구구조 무용론'을 얘기하기도 한다. 하지만 경제에서는 'x가 증가하니까, y도 이에 비례해 증가한다'와 같은 단순한 1차 방정식은 없다. 그렇게 단순하면, 고민할 게 뭐가 있을까.

가구 수가 계속 늘고 있다고 하지만, 1인 가구의 경우 대부분 주택 구입 능력이 없다. 가구원 수가 적을수록 자산도 적다. 2014년 이후 전세값이 급등하면서, 30대와 40대 실소유자도 주택 구입에 따라 나섰지만, 2015년 이후에는 다시 50대의 비중이 급등했다. 그래서 현재는 가장 많은 재산을 보유한 50대끼리 주택을 매매하는 것으로 주택 시장이 유지되고 있다. 이게 앞으로도 가능할까? 참고로 2030의 주택 매매 비중은 3년 동안 13.4%나 줄었다.[30]

50대건 60대건 30년 만기로 부동산 담보대출을 받고 있는 것이 현실이다. 현재 소득이 앞으로 유지될 가능성이 극히 낮은데, 이런 식으로 무작정 빚을 내 집을 사고 있다는 얘기다. 그들이 은퇴하는 시점, 소득이 끊기는 시점이 되면 어떻게 될까. 그때도 집을 팔지 않을까?

상승장의 분위기에 취해 부동산 불패 신화를 외치는 목소리에 주의해야 할 시점이다. 그렇다고 인디언 기우제 지내듯, 10년 넘게 집값이 폭락할 것이라고 외치는 전문가들을 믿어서도 안 된다. 그리고 사실 부동산 시장 전체를 거시적으로 보는 것은 참고사항일 뿐이다. 실제 부동산 거래를 할 때는 시장의 평균에 투자하는 것이 아니라 내가 사고자 하는 물건 하나에 투자하는 것이니까.

특히 부동산 거래에서 가장 중요한 것은 이른바 '3L'로 불리는 것이다. Location, Location, Location! 즉, 하나도 둘도 셋도 입지다. 시장 전체가 침체되더라도 입지가 좋은 곳은 선방한다. 앞서 살

---

30 「거래량 늘었지만…2030 주택 매매 비중 3년새 13.4%↓」, 아시아경제, 2015-8-5.

펴본 강남이 한국의 대표적인 주거 명품 지역이었다. 앞으로도 그럴까? 당분간은 그럴 것이다. 강남이 직장 접근성, 인프라, 편의시설, 교육 등 모든 면에서 탁월해, 이른바 강남공화국이 돼 있는데, 앞으로도 단기간에 이를 대체할 만한 지역이 나오기는 쉽지 않을 것이기 때문이다.

물론 서울 다른 지역과 수도권에도 입지가 좋은 곳은 따로 있다. 현 정부의 정책 역시 강남에 대한 수요를, 서울에 대한 수요를 수도권으로 옮기기 위한 방향으로 나아가고 있다. 과연 이 정도로 시간이 갈수록 벌어지기만 하는 지역 간 격차를 해소할 수 있을지는 의문이긴 하지만 말이다. 어쨌건 자산 규모가 허락하는 수준 안에서 좋은 입지의 부동산을 차지하는 게 중요한 이유다.

1가구 1주택 실수요자 같은 경우는 사실 크게 고민할 게 없다. 누가 뭐래도 집은 없는 것보다 있는 것이 훨씬 좋다. 적당한 부채 범위 안에서 집을 장만할 수 있다면, 마다할 이유가 없다. 부동산 시장이 어떻게 변해도 크게 걱정할 것이 없다. 물론 대출 규모에 따라 부동산이 크게 떨어진다면 곤란하므로 소득이나 자산 수준이 원하는 집을 사기에 무리라면 전세나 반전세로 살면서 다른 투자를 통해 자금을 늘려나가는 편이 낫다.

아무 집이나 사도 무조건 오르는 시대는 지났다. 최근 10년간의 흐름을 봐도 서울과 수도권이 떨어지는 동안 지방의 도시들은 크게 상승하는 시기도 있었고, 지방이 떨어지는 동안 서울과 수도권이 상

승하는 시기도 있었다. 그러니 전체적인 흐름은 참고만 하되, 지역별
로 다르게 접근하고, 또 현장 발품을 팔면서 입지를 제대로 분석하
는 게 중요하다.

6장

로보어드바이저
실전 투자

로보어드바이저는 미래를 예측해 오를 종목을 찍어주는 기술이 아니다.
세상의 다양한 자산이 어떤 영향 아래에서 어떤 관계와 양상을 보이는지를
분석해 고객의 성향과 상황에 맞게 자산을 배분하는 기술이다.

국내외 로보어드바이저
시장 전망

이제 국내외 주요 연구기관이 전망하는 로보어드바이저 시장을 살펴보자.

액센추어 보고서[31]는 인지 컴퓨팅cognitive computing과 같은 기술적 발전을 통해 향후 10년 동안 로보어드바이저가 매우 큰 기술적 발전을 이룰 것으로 전망한다. 인지 컴퓨팅 발전은 현재 로보어드바이저가 제공하는 기본적인 투자자문을 넘어, 실제 재무 플래너처럼 고객의 인생 및 장기적인 목표, 단기적인 욕구까지 반영하게 해줄 것이다. 또한, ETF뿐만 아니라 보다 다양한 금융상품(주식, 채권, 대체투자 등)을 조합해 고객을 장기적으로 관리할 수 있게 해줄 것이다.

31 「The Rise of Robo-Advice」, Accenture, 2015.

로보어드바이저는 전통적인 자산운용사와 달리 디지털 솔루션으로 보완된 개인정보 보호, 자가학습 기능, 빠른 시장 대처 능력 등의 기능을 통해 더 많은 고객에게 매력적으로 다가간다. 이런 기술 발전으로 로보어드바이저의 강점이 강화되고 기능 및 솔루션도 다양화된다면, 로보어드바이저 시장은 보다 빠르게 성장할 것이다.

하지만 로보어드바이저는 투자자문에 있어 인간의 역량을 모두 다 소화해내지 못한다는 한계도 있다. 예를 들어, 어려운 시장 상황의 고객에게 안정감을 준다거나 구체적인 투자 방향을 제안하고 설득하는 일은 해낼 수 없다. 그러므로 앞으로는 로보어드바이저의 장점과 인간의 고객 관리 능력을 결합해 종합적인 서비스를 제공하는, 이른바 하이브리드 서비스가 유망할 것으로 보인다.

로보어드바이저가 전통적인 자산관리사들을 완전히 대체하기는 어려울 것이다. 액센추어에 따르면, 77%의 자산관리 고객들은 그들의 자산관리사를 믿고 지속적으로 돈을 맡기고 싶어 하고, 81%의 고객들은 대면 상담이 투자자문에 있어 중요하다고 답했다. 결국, 앞으로 로보어드바이저 기능이 어떻게 향상되느냐, 또 투자 범위가 ETF뿐 아니라 주식, 채권, 대안투자상품 등으로 어떻게 확장되느냐에 따라 로보어드바이저 시장성이 달라질 것으로 보인다.

미국에서 로보어드바이저는 시장 진입 직후부터 폭발적인 성장을 거듭해왔다. 2014년 말에는 로보어드바이저의 총운용자산AUM이 190억 달러(약 20조 원)까지 성장하면서 8개월 만에 65.2%의 성장률

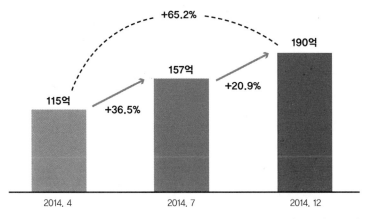

[그림6-1] 2014년 미국 로보어드바이저 시장의 총운용자산 성장률

+65.2%

190억

157억

+20.9%

115억

+36.5%

2014. 4   2014. 7   2014. 12

*딜로이트 (단위 : 달러)

을 보이기도 했다. 하지만 장기적으로 보면 아직도 로보어드바이저 산업은 초기 단계에 머무르는 수준이며, 25조 달러에 달하는 미국의 소매 자산에 비하면 매우 적은 수준이다. 앞으로 뱅가드Vanguard와 찰스 슈왑Charles Schwab과 같은 기존 대형 금융투자회사를 통해 많은 잠재 고객층에게 도달한다면, 로보어드바이저 산업도 빠르게 성장할 것이다.

딜로이트[32]에 따르면 로보어드바이저는 자산관리 시장에서 아직은 위협적이거나 영향력 있는 존재는 아니지만 향후 자산운용 업계를 바꿔놓을 수 있을 만큼 잠재력이 큰 산업임엔 분명하다. 단기적으로, 고액 자산가들에게 특화된 자산운용사들은 로보어드바이저

32 「Robo-Advisors Capitalizing on a growing opportunity」, Deloitte, 2015.

를 채택하지 않을 수도 있지만, 대중부유층을 상대로 자산운용 서비스를 제공하는 업체들은 로보어드바이저를 절대 무시할 수 없다. 특히 대면 자문을 제공하며 로보어드바이저의 단점을 보완해낸 하이브리드 서비스가 자산운용 업계의 새로운 표준이 된다면 로보어드바이저의 성장은 더 가팔라질 것이다.

KPMG[33]도 로보어드바이저의 성장 가능성을 무궁무진하게 보고 있다. 2020년에 디지털 자문 시장 가치가 5천억 달러로 성장할 것으로 예상하며, 2020년에 로보어드바이저의 총운용자산이 2.2조

[그림6-2] 미국 로보어드바이저 시장의 총운용자산 성장률 예측치

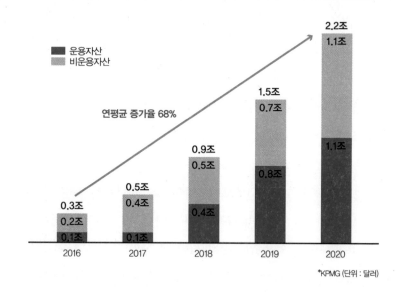

---

33 「Robo advising : Catching up and getting ahead」, KPMG, 2016.

달러로 2016년부터 연평균 68%로 급성장할 것으로 전망했다. 투자 경험이 적고 자산운용을 처음 접하는 고객이 로보어드바이저의 타깃 고객으로 꼽히지만, KPMG는 액센추어와는 달리 기존 전통적인 자산운용을 추구했던 고객들마저 더 저렴한 로보어드바이저로 갈아탈 가능성이 있다고 주장한다.

로보어드바이저의
국내 시장은 어떻게 될까

국내 로보어드바이저 시장은 미국보다 탄생 및 개발 속도가 느리고 금융 규제도 완화되지 않아 성장이 미국보다는 더딜 것으로 전망됐

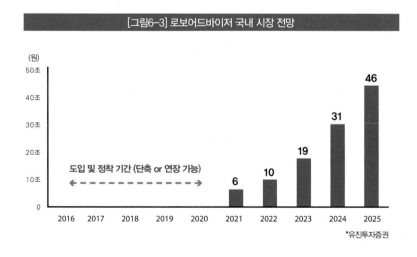

[그림6-3] 로보어드바이저 국내 시장 전망

다. 유진투자증권은 국내 로보어드바이저가 2016년을 기준으로 도입 및 정착 시간까지 4년 정도 걸릴 것으로 예측했고, 2021년도의 시장규모가 6조 원으로 성장할 것으로 예상했다. 그 후에는 빠른 성장률을 보이며 AUM을 확대해나가며 2025년에는 46조 원으로 성장할 것으로 전망했다.[34]

그런데 현재 우리나라는 금융당국이 나서서 테스트베드를 도입

항목	로보어드바이저 2016			로보어드바이저 2020				
타깃 시장	밀레니얼 세대	대중부유층, 부유층		밀레니얼 세대	대중부유층, 부유층		베이비부머	초부유층
주요 서비스	자동 자산 배분	자동 리밸런싱	절세	자동 자산배분	자동 리밸런싱	절세	파이낸셜 플래닝	세금, 상속, 부동산 전문
운용자산	ETF			ETF	주식	채권	뮤추얼 펀드	대체투자
차별화 요인	저렴한 수수료	풍부한 디지털 경험	단순함	비용구조 투명성	서비스 질		인간 어드바이저의 생산성 개선	
관점	투자자문인력에 대한 위협 vs 보완			조력자				
주요 목적	고객 획득			고객 획득	고객 유지	고객 만족	어드바이저 만족	
이익	낮은 비용	더 나은 고객 경험	디지털 제공	믿을 수 있는 금융 코치	효율성	고객군 확대	고객 보호	

[그림6-4] 로보어드바이저의 영역 확대

*유진투자증권

34 「쑥쑥 크는 로보어드바이저 2025년 46조 시장」, 파이낸셜뉴스, 2016.

하고, 로보어드바이저를 적극적으로 장려해 실제로는 이보다 훨씬 빠르게 성장할 것으로 보인다. 국내 시장도 미국 시장과 마찬가지로 로보어드바이저 산업이 발달하면서 운용자산군이 다양해지고 금융 기업과의 결합 및 파트너십을 통해 더욱 다양한 고객에게 서비스를 제공할 것이다. 이로써 현재 로보어드바이저 서비스의 영역과 2020 년 로보어드바이저 서비스의 영역은 크게 달라질 전망이다.

로보어드바이저의 종류 및 자산배분 프로세스

현대포트폴리오이론도 사실 이론일 뿐, 현실에서 100% 이상적으로 작동하는 모델은 아니다. 그러므로 대부분의 로보어드바이저 회사 도 현대포트폴리오이론에 기반을 두고 있지만, 구체적인 전략은 저 마다 다르다.

파운트의 경우, 현대포트폴리오이론에서 파생된 블랙 리터만 Black Litterman 모델을 사용하고 있다. 현대포트폴리오이론에서 다루 는 변수(변동성, 상관관계, 기대수익률) 중 변동성은 역사적인 데이터를 기 반으로 추출할 수 있지만, 상관관계는 주식 종목에서는 추출할 수 없다. 또 기대수익률 역시 너무 추상적인 개념이기 때문에 구하기가 어렵고, 구한다고 해도 정확도가 떨어지는 문제가 있다. 이 문제점을

[그림6-5] 로보어드바이저 자산배분 프로세스

단계	프로세스	처리 내용
1단계	자산군 설정	현재 시장 환경 분석을 통해, 주식, 채권, 대체투자 등과 같은 자산군을 확정
2단계	ETF 스크리닝	유동성 확보를 위한 일정 수준 이상 거래대금, 보수 한도, 트레킹 에러 최소화 등 필터링을 통해 각 자산군별로 적절한 ETF를 선정
3단계	리스크 허용 수준 설정	고객 성향을 리스크 팩터로 분류하여 적정 베타 값 (시장 변동에 따른 포트폴리오 변동성)을 설정
4단계	MPT를 통한 자산배분	리스크 허용 수준 설정을 통해 현대포트폴리오이론을 적용한 자산배분
5단계	모니터링 및 리밸런싱	모니터링 및 주기적인 리밸런싱(베타 값 측정 및 종목 재선정)을 통해 성과분석 및 수익성 향상

*현대증권, 삼성증권

[그림6-6] 로보어드바이저 유형

	운용형	자문형	하이브리드형
주요 서비스	리밸런싱, 최적세제 전략 서비스 등 제공	저수익 고비용 상품 교체, 리밸런싱 제안	고객과 커뮤니케이션 수단으로 활용
수수료	관리자산기준 부과 (0.15%~0.5%)	주로 월정액 수수료 (5달러~15달러)	관리자산기준, 월정액 모두 활용
주요 회사	웰스프론트, 베터먼트, 퓨처어드바이저 등	젬스텝, 마켓라이더스 등	퍼스털 캐피털, 런베스트 등

*금융투자협회

196

보완하기 위해 파운트는 블랙 리터만 모델을 사용해 정확도가 떨어지는 변수를 고려하여 계산하고 있다.

여기서 구체적으로 이 복잡한 모델의 작동 원리까지 설명할 필요는 없을 것이다. 다만 많은 시장 조사와 데이터 분석이 필요하고, 그 때문에 빅데이터와 머신러닝 기술이 중요하다는 것, 그리고 결국 이 기술 수준이 로보어드바이저의 역량을 결정하게 된다는 것만 짚고 넘어가자.

로보어드바이저 회사들은 데이터 분석을 통해 자산배분을 한다. 여러 번의 검증을 통해 자산군과 자산을 선정하고, 그 검증된 자산을 활용해 자산배분을 한다. 로보어드바이저 자산배분은 보통 [그림6-5]와 같은 프로세스를 거친다.

한편 로보어드바이저에도 여러 종류가 있다. 로보어드바이저의 유형은 자동화 정도와 전문가 개입 여부에 따라 크게 운용형, 자문형, 하이브리드형의 세 개 유형으로 나뉜다. 세 유형의 특징에 대해서는 [그림6-6]을 참고하면 되겠다.

알고리즘, 시스템 트레이딩, 퀀트와는 무엇이 다른가

로보어드바이저가 기존의 알고리즘이나 시스템 트레이딩과 어떻게 다르냐, 이름 장사하는 것 아니냐고 묻는 사람이 있다. 비슷한 점도 있지만, 기존의 컴퓨터 바둑과 알파고의 차이처럼 차원이 다르다.

시스템 트레이딩 또는 알고리즘 트레이딩은 1990년대 이후 주로 헤지펀드hedge fund, 뮤추얼펀드mutual fund와 같은 전문기관에서 이루어졌으나 2000년 이후부터 예스 트레이더Yes Trader, 사이보스 트레이더Cybos Trader, 메타 트레이더Meta Trader와 같은 알고리즘 트레이딩 소프트웨어와 알고리즘 트레이딩을 위한 프로그래밍 언어가 소개되면서 이용자가 증가했다.

컴퓨터를 이용하여 자산의 가격과 거래량, 기술적 지표를 분석하여 컴퓨터 프로그램 매매를 수행하고, 사람의 자의적 판단이나 편견을 배제하여 일정한 매매규칙을 사용해서 일관성 있게 매매를 수행하는 것이 특징이다. 소프트웨어가 설정한 사전 규칙에 따라 호가를 만들고 주식 거래가 발생한다. 즉, 규칙 자체가 알고리즘이 된다. 사전에 투자자가 특정 조건을 프로그램에 입력하면 컴퓨터가 그에 따라 매매 여부를 결정하는 것이니, 이것만 보면 얼핏 로보어드바이저와 비슷해 보인다.

하지만 달성 목표와 알고리즘에서는 큰 차이가 있다. 로보어드바이저는 시스템 트레이딩처럼 특정 기술 지표에 따른 단순 매매로 투자가 완료되는 것이 아니라, 다양한 알고리즘을 통해 장기적 관점에서 투자자별 성향에 맞는 최적화된 글로벌 자산배분과 투자전략을 제시하는 것이 특징이다.

시스템 트레이딩의 목표는 오히려 액티브 투자에 가깝다. 분석을 통해 높은 수익률을 올리는 것이 목적이다. 반면 로보어드바이저는 앞서 설명한 것처럼 액티브가 아닌 패시브 투자가 기본 철학이다. 단숨에 높은 수익을 올리는 것이 아니라, 장기간에 걸쳐 안정적인 수익을 내는 것이 목표다.

목표가 다르므로 알고리즘도 다를 수밖에 없다. 로보어드바이저는 투자자 성향별 자산배분과 투자전략을 제시한다는 면에서 시스템 트레이딩에서 사용하는 일부 전략에 의존하지 않는다. 대신 선택된 최적의 알고리즘은 시장 변화에 따라 빅데이터 분석 및 머신러닝을 통해 유기적으로 포트폴리오에 변화를 준다. 즉, 자산의 리밸런싱이나 머신러닝을 기반으로 한 빅데이터 분석 등이 다르다. 그러니까 로보어드바이저는 자가발전이 가능한 인공지능이라는 점이 중요한 특징이다.

일반적으로 시스템 트레이딩은 로보어드바이저와 큰 관련이 없다고 보면 된다. 시스템 트레이딩은 주가 차트의 패턴을 보면서 주식의 미래 가격을 예측하려 하고, 과거의 가격 변화를 근거로 마켓 타이밍을 예측하려 하지만, 로보어드바이저의 기본 철학은 오히려 '주식의 미래는 예측할 수 없다'라는 랜덤워크 이론이다. 실제 미국의 로보어드바이저 업체인 웰스프론트WealthFront의 최고정보관리책임자CIO도 랜덤워크 이론의 창시자이자 패시브펀드의 우월성을 강조하는 버튼 말킬Burton Malkiel이 맡고 있다.

그렇다면 기존 퀀트와는 어떤 차이가 있을까?

필자는 2009년 여름, 글로벌 금융위기 발생 1주년을 취재하러 영국 런던과 당시 국가 부도 위기 사태를 맞은 아이슬란드를 찾아 장관을 포함한 정부 고위관계자, 은행 관계자, 일반 시민 등 수십 명을 인터뷰한 적이 있다.

그중 런던에서 어렵게 만난 한 퀀트Quant가 떠오른다. 퀀트란 'quantitative(계량적, 측정할 수 있는)'와 'analyst(분석가)'의 합성어로 수학과 통계를 기반으로 컴퓨터 알고리즘을 설계해 투자 모델을 만들고 금융시장 변화를 예측하는 사람을 말한다.[35]

중국 출신으로 북경대에서 물리학 박사학위를 받은 그는 수학과 물리학의 전문가로서 르네상스테크놀로지Renaissance Technologies란 곳에서 수십억 원의 연봉을 받고 일했던 최고의 퀀트였다.

르네상스테크놀로지의 펀드는 수학적, 물리학적으로 자산 가격을 분석해 투자하는 곳인데, 그 알고리즘은 철저히 블랙박스로 가려져 있다. 이 펀드는 대부분 펀드가 폭락하던 글로벌 금융위기 당시에도 30%라는 수익률을 내 세계를 놀라게 한 적이 있다. 그 비결을 조금이라도 듣고 싶었는데, 대답은 의외로 간단했다.

우리는 패턴을 분석합니다. 엄청난 데이터를 가지고 주식 가격의 패턴을 분석하는데, 우리만의 노하우가 있죠. 세계적인 수학자와 물리학자가 모

---

35 한경 경제용어사전

여 오직 그것을 연구하고 있습니다. 그런데 저희가 지난 100여 년간 금융
위기 같은 패닉 상황을 보니, 발생 이전에 어떤 특정한 패턴이 보였습니다.
우리는 그 패턴을 찾아냈고, 2008년 9월 리먼브러더스 파산에 따른 폭락
사태 이전에 그 패턴이 발생했음을 읽어냈지요. 그래서 저희는 리먼 사태
이전에 위험 자산 대부분을 팔아치웠고, 대신 숏(주가 하락 시 이익을 얻는
'공매도'가 대표적)에 투자를 했지요.

물론 그 패턴이 뭔지는 영업비밀인 데다 두어 시간 만남에서 다
설명할 수 없는 내용이겠지만, 여기서 중요한 건 '패턴을 읽는다'였
다. 사실 로보어드바이저의 핵심도 이것과 크게 다르지 않다. 하지만
퀀트는 과거 데이터에서 특정한 패턴을 찾고 이로써 미래를 예측하
지만, 로보어드바이저의 핵심 기술이라고 할 수 있는 머신러닝과 딥
러닝을 활용하지는 않는다. 스스로 데이터를 학습하고, 실수가 발생
할 때마다 자체적으로 손실을 최소화하며 스스로 진화하는 건 로보
어드바이저만이 할 수 있다.
　　실제로 르네상스테크놀로지의 펀드는 금융위기 때 말 그대로
대박을 쳤지만, 그 이후로는 또 저조한 수익률로 큰 펀드들을 청산
하기도 했다. 이는 대박보다는 리스크를 최소화하는 로보어드바이
저에 비해 변동성이 훨씬 크다는 사실을 증명한다.

로보어드바이저의 장점 및
국내 도입 현황

그렇다면 로보어드바이저의 장점은 무엇일까. 낮은 수수료는 로보어드바이저의 핵심이자 가장 중요한 장점이다. 3장에서 설명한 바와 같이, 효율적 시장이론에 의하면 투자자들은 장기적으로 시장을 이길 수 없기 때문에 패시브펀드에 투자하여 비용을 절감하는 것이 수익을 내는 가장 현명한 방법이다.

　지금까지 전문가가 관리하는 포트폴리오를 제공받으려면 2% 이상의 비싼 보수를 내야했다. 한마디로 고객들, 혹은 일반 투자자들은 '호갱'이었던 것이다. 장기적으로 수익을 내기 어려운 액티브 투자를 위해 매년 투자금액의 2% 수수료를 내면서 투자를 한다는 사실은 투자자 입장에서 고위험 투자에서 2%만큼 기대수익률을 낮추는 행위다. 즉, 사실상 투자자의 기대수익률에 비해 감안해야 하는 위험성이 높았다.

　총 보수는 크게 운용보수와 거래 수수료로 이루어져 있는데, 로보어드바이저는 이 둘을 어떻게 낮출까. 우선 로보어드바이저의 사업 모델은 패시브 투자와 그에 따른 목표에 최적화되어 있다. 그리고 포트폴리오 관리가 자동화되어 있기 때문에 운용보수가 매우 낮다. 미국 로보어드바이저 업체의 운용보수는 0.3~0.5% 수준으로 전문가 보수의 4분의 1 이하다. 낮은 운용 수수료는 패시브 투자로 인해 저하된 기대수익률을 보상한다. 이를 통해 투자자들은 꾸준하고 일정한 수익률을 낼 수 있다. 또 ETF를 투자 대상으로 삼음으로써 거래 수수료도 낮출 수 있다.

한편, 현재 국내에서 로보어드바이저 서비스는 주로 은행과 증권회사에서 제공하고 있다. 주요 은행들은 로보어드바이저 기업과 제휴하거나 자체적인 부서를 설립해 서비스를 제공한다. KEB하나은행은 하나금융투자, 하나금융연구소 등 금융지주 내 계열사와 합작하여 자체 개발한 로보어드바이저 서비스 '사이버 PB'를 2016년 3월 은행권 최초로 출시했다. 이어, 2017년 7월 로보어드바이저 브랜드 '하이(HAI)'를 만들고 '하이로보(HAI Robo)' 서비스를 시작했다.

신한은행도 2016년 11월 로보어드바이저 '엠폴리오'를 선보였다. 포트폴리오 설계부터 신규가입, 성과관리에 이르기까지 자산관리 전체 프로세스를 담은 것이 특징이다. 우리은행의 '우리 로보-알파'는 2017년 4월 금융위 테스트베드에서 연 4.52%의 누적 평균수익률을 기록한 뒤 지난 5월 말 정식 출시됐다. IBK기업은행 역시 로보어드바이저 서비스를 일임형 개인종합자산관리계좌(ISA)와 퇴직연금에 특화해 운영하고 있다.

증권사들도 적극적으로 로보어드바이저 도입을 추진하고 있다. 온라인 전용 증권사인 키움증권은 2017년 7월 해외주식 종목 발굴 알고리즘 스토어인 '글로벌 로보마켓' 서비스를 시작했다. 글로벌 로보마켓은 계량 데이터를 기반으로 후강퉁·선강퉁 추천 종목과 포트폴리오를 구성해주고, 미국 대형우량주를 분석해 실시간 매매 시그널 서비스도 제공한다.

2016년 10월 로보어드바이저 서비스를 출시한 SK증권도 지속적으로 서비스를 개선 중이다. 특히 1차 테스트베드 중 적극투자형에서 가장 높은 수익률을 기록하며 업계의 주목을 받았다. SK증권은 로보어드바이저를 모바일 중심으로 육성해 '신개념 모바일 자산관리 서비스'로 추진할 계획이다.

NH투자증권도 상품 가입 때를 제외하고는 사람이 전혀 개입하지 않는 100% 로보어드바이저 서비스를 출시했다. 시장 상황이 변할 때마다 로보어드바이저가 자동으로 포트폴리오를 조정한다는 점을 강점으로 내세우고 있다. 대신증권 역시 스스로 데이터를 축적하고 학습하는 머신러닝 기법 활용 프로그램을 선보이는 등 증권사도 앞다퉈 로보어드바이저 서비스를 도입하고 있다.

로보어드바이저 전문 스타트업들은 아직 주로 은행이나 증권회사와 제휴해 상품을 판매하고 있다. 비대면 계좌 개설이 금지되어 있고 은행이나 증권사처럼 고객 판매 접점도 없기 때문이다. 금융당국은 비대면 계좌 개설을 기존 금융회사들에게는 허용해줬지만 아직 소규모 스타트업들에게는 비대면 일임거래를 허용해주지 않고 있다.

새로운 산업 육성을 위해서는 비대면 일임거래 허용이 필요하지만 그렇다고 아무 업체에게나 투자일임 업무를 맡길 수는 없다.

그러므로 이는 앞으로 로보어드바이저 업계가 금융당국과 함께 풀어야 할 과제다. 보안, 로보어드바이저 알고리즘, 금융회사로서의 건전성 등을 엄격하게 검증해, 이를 통과한 업체들에게 비대면 일임거래를 허용한다면, 국내 로보어드바이저 스타트업들에게도 엄청난 성장 기회가 있을 것이다.

로보어드바이저 투자에서 알아야 할 것

여러 번 설명했다시피 '대박의 꿈'은 로보어드바이저와 어울리지 않는다. 대박의 꿈은 접어야 한다. 로보어드바이저는 컴퓨터를 이용해 자산관리에 투입되는 시간과 비용을 줄인 것일 뿐 그 자체로 높은 수익률은 보장하지 않는다. 로보어드바이저는 분산투자에서 더 나아간 자산배분을 기반으로 운영하는 자산운용의 형태다.

그럼 여기서 분산투자와 자산배분의 차이를 간단히 짚고 넘어가자. 어떤 자산이든 한 자산이 계속해서 좋은 성과를 내진 못한다. 모든 자산은 정도의 차이가 있지만, 변동성이 존재한다. 따라서 단순히 모든 자산을 같은 비율로 나눠 담는 단순 분산투자만 해도 수익률은 여러 금융상품 중 항상 중상위권을 차지할 수 있다. 단순 분산투자만으로도 변동성이 내려가 어느 정도 일정한 수익률을 창출해

낼 수 있다는 말이다.

하지만 자산배분은 분산투자에서 한발 더 나아간 전략이다. 분산투자는 리스크 관리 측면에서 금액을 나눠 여러 상품에 투자한다는 느낌이 강하다면, 자산배분은 위험을 낮추고 수익률을 최대화하는 최적의 자산 조합이다. 따라서 자산배분을 하는 로보어드바이저 회사들이 포트폴리오를 구성할 때는 종목 선정보다 자산 간의 조직력(상관관계)을 따지는 능력과 전략(고객의 목표, 수익률과 위험성 조정)이 더 중요하다.

하지만 로보어드바이저에 자산운용을 맡긴 투자자 중에서 고위험 고수익을 선호하는 사람도 대박의 꿈은 기대할 수는 없다. 로보어드바이저란 패시브 투자와 자산군의 많은 양이 ETF 기반이기 때문에 본질적으로 저위험, 중수익 성향이 강하다. 장기투자를 목표로, 한 고객의 인생을 노후까지 안정적인 라이프스타일을 설계해주는 것이 목표이기도 하다.

패시브 투자를 기반으로 한 로보어드바이저 자산운용으로부터 높은 기대수익률을 바라는 것은 본질적으로 잘못된 것이다. 대박의 꿈을 꾸고 있는 투자자들은 그만큼의 위험성을 떠안아야 하므로 로보어드바이저처럼 장기적으로 꾸준한 수익을 추구하는 운용 시스템과는 맞지 않는다.

진짜와 가짜를
구분하는 방법

핀테크 산업이 빠르게 발달하면서 자칭 로보어드바이저 회사들이 급격하게 늘어나고 있다. 하지만 옥석을 가리지 못하면 낭패를 볼 수 있다. 특히나 피처럼 소중한 우리의 자산을 맡겨야 하므로 아주 신중해질 필요가 있다. 제대로 된 로보어드바이저 회사를 찾으려면 아래 조건들을 살펴봐야 한다.

첫째, 자산운용 방식을 살펴봐야 한다. ETF, 국내외 채권, 주식 (조그만 일부) 등을 기반으로 적절한 자산배분을 통해 변동성이 낮은 포트폴리오를 구성하는 회사를 찾아야 한다.

둘째, 수익률의 변동성을 확인해야 한다. 이를 위해선 회사의 연 수익률을 확인하면 된다. 회사가 자산운용을 실행했던 기간 수익은 꾸준히 났는지, 연간 수익률 사이에 변동성이 낮은지 등을 확인하면 된다. 예를 들어 수익률이 높지 않더라도, 심지어 마이너스라 하더라도, 연간 수익률이 꾸준하다는 의미는 회사가 일괄된 알고리즘과 운용방식을 통해 안정성을 추구하는 것을 증명한다. 따라서 일시적으로 마이너스 수익률이 나더라도 앞으로는 꾸준한 수익이 날 가능성이 있다.

결과적으로 진짜와 가짜를 구분해야 하는 이유는 로보어드바이저의 의미를 정확히 모르는 대중에게 다가가 알고리즘을 사용해서 거래한다는 이유로 로보어드바이저 간판을 단 가짜 회사들이 국내에 많이 증가하는 추세기 때문이다. 이런 회사들은 자산배분이 아닌 허접스러운 단순 분산투자를 통해 고위험 상품을 제시함으로써 투자자의 소중한 자산을 위험에 빠트린다.

그러니 로보어드바이저 간판과 그럴싸한 포장을 통해 대중부유층의 자산을 끌어모아 대박 아니면 쪽박이라는 방식으로 무식하게 투자하는 회사들에 당하지 않으려면, 투자자가 스스로 옥석을 가려낼 줄 알아야 한다. 문제는 로보어드바이저 서비스 출시 자체가 아직 얼마 되지 않았기 때문에, 옥석을 가릴 만한 기존 성과가 쌓여 있지 않다는 점이다. 이런 우려에 대해 잘 알고 있기에 금융당국도 '로보어드바이저 테스트베드'를 운용했다.

금융위원회는 단순한 수익성 검증이 목적이 아니라, 투자자문 및 일임을 수행하기 위한 최소한의 규율이 작동하는지를 확인하기 위하여 2016년 9월부터 2017년 4월까지 1차 로보어드바이저 테스트베드를 실행했다.[36] 심사 과정은 사전심사, 본심사(포트폴리오 운용심사, 시스템심사), 최종심의를 거쳐 테스트베드의 통과 여부를 결정했다.

1단계 사전심사에서는 참여 요건(신청 업체, 알고리즘) 충족 여부를 확인하고, 가상의 투자자 정보를 바탕으로 알고리즘의 투자자 성향별 포트폴리오 산출 역량을 심사한다. 2단계 본심사에서는 사전심

---

36 「맞춤형 자산관리서비스의 대중화 시대를 열게 될 로보어드바이저 테스트베드 기본 운영방안」, 금융위원회, 2016.

사에서 도출된 포트폴리오에 대해 일정 기간(6개월 이내) 실제 자금을 운용토록 하여 알고리즘의 안정성을 심사한다. 또한, 단기간 내에 상용화를 하려는 업체에 대해서는 해킹 및 재해 방지 체계 등 서비스 전달체계의 안정성과 보안성 심사를 동시 진행한다. 마지막 3단계 최종심의에서는 민간 심의위원회에서 테스트베드 통과 여부를 결정하는 방식으로 진행됐다.

자산 구분	포트폴리오 유형	참여 유형	수익률	표준편차	샤프지수	매매 회전율
		[그림6-7] 포트폴리오 유형별 및 참여 유형별 성과				
국내	안정추구형	RA기술업체	0.51	0.03	0.41	133.71
		자문·일임업자	0.56	0.02	0.33	243.12
		컨소시엄	0.86	0.02	0.46	114.44
		전체	0.63	0.02	0.41	148.82
	위험중립형	RA기술업체	1.11	0.05	0.60	159.24
		자문·일임업자	1.60	0.03	0.71	219.57
		컨소시엄	2.00	0.04	0.81	156.52
		전체	1.48	0.04	0.69	170.00
	적극투자형	RA기술업체	2.59	0.09	0.74	187.25
		자문·일임업자	2.82	0.05	0.96	262.24
		컨소시엄	3.39	0.06	0.95	169.64
		전체	2.88	0.07	0.84	196.25
해외	안정추구형	RA기술업체	1.47	0.05	0.32	94.53
		자문·일임업자	−0.30	0.07	0.05	214.63
		전체	0.15	0.06	0.12	184.60
	위험중립형	RA기술업체	2.81	0.05	0.81	106.63
		자문·일임업자	1.77	0.07	0.39	203.49
		전체	2.03	0.06	0.50	179.27
	적극투자형	RA기술업체	1.83	0.06	0.38	123.61
		자문·일임업자	3.20	0.07	0.71	201.36
		전체	2.86	0.07	0.63	181.92

*로보어드바이저 테스트베드 사무국

금융위원회가 2016년 9월부터 시작한 제1차 로보어드바이저 테스트베드에는 총 34개 업체에서 제출한 42개 알고리즘이 참여했다. 금융위는 2017년 4월 사전심사와 본심사를 거쳐 총 28개 알고리즘이 통과했다고 밝혔다. 테스트베드의 포트폴리오 유형별/참여 유형별 성과는 [그림6-7]과 같다.

참고로 여기서 표준편차는 수익률의 변동성을 나타내는 지표로 값이 클수록 변동성이 심하므로 위험이 크고, 값이 작을수록 위험이 적다고 해석하면 된다. 샤프지수는 위험 1단위에 대한 초과 수익의 정도를 나타내는 지표로, 샤프지수가 높을수록 투자성과가 성공적이라고 할 수 있다. 하지만 측정 기간과 투자전략이 같을 경우에만 비교의 의미가 있으므로 참고로만 봐야 한다. 매매회전율은 운용자금 대비 매매금액의 비율로, 숫자가 클수록 매매를 자주 했다고 볼 수 있다. 수익률은 적극투자형-위험중립형-안정추구형 순으로 대략 위험과 수익이 비례하게 나왔다.

실제로 투자해보니

그럼 실제 로보어드바이저가 어떤 성과를 낼 수 있는지 살펴보자. 우선 장기간 로보어드바이저의 알고리즘을 일괄되게 적용했다면 결과는 어떻게 됐을까. 과거 데이터를 기반으로 알고리즘을 적용해 백

수익률	'06	'07	'08	'09	'10	'11	'12	'13	'14	'15	연평균
파운트	6%	5%	0%	10%	13%	8%	4%	9%	8%	4%	7%
코스피	11%	32%	-39%	45%	21%	-12%	9%	-1%	-3%	2%	4%

[그림6-8] 파운트 로보어드바이저와 코스피지수의 수익률 비교

테스트를 해보았다.

파운트의 투자 알고리즘으로 백테스트한 결과인데, 특징은 시장 수익률이 아주 좋은 해에는 그보다 낮은 수익이 나지만, 시장 수익률이 마이너스로 크게 떨어질 때도 안정적으로 손실을 최소화한다는 것이다. 즉, 시장보다 리스크를 줄이면서 수익률을 낼 수 있다는 의미인데, 국내 코스피에 적용한 결과 연평균 7%로 코스피의 연평균 4%보다 3%포인트 높은 초과 수익을 달성했다. 글로벌 ETF를 활용 시 약 10% 수익률을 달성할 수 있을 것으로 예상한다.

하지만 백테스트 결과를 맹신하는 것은 위험하다. 이미 알고리즘에서 지난 수십 년간의 자산운용 수익률과 상관관계가 들어 있기 때문에, 당연히 로보어드바이저가 백테스트에서 좋은 성과를 낼 수밖에 없다. 높은 수익률보다 중요한 것은 앞서 여러 번 강조한 바와 같이, 변동성이 적은 꾸준한 수익이다. 백테스트에서도 이 부분을 중점적으로 점검해야 한다.

로보어드바이저의 실제 투자 포트폴리오는 유형별로 다음 5가지로 나뉜다. 안정형, 안정추구형, 위험중립형, 적극투자형, 공격형. [그림6-9]는 안정형 포트폴리오의 예시다.

[그림6-9] 안정형 포트폴리오 예시		
자산군	종목명	비중
미국주식	Guggenheim S&P 500u00ae Eq Weight HC ETF	2%
미국주식	SPDRu00ae S&P Health Care Equipment ETF	2%
미국주식	Guggenheim S&P 500u00ae Eq Wt Cons Stapl ETF	3%
해외주식	PowerShares Dynamic Semiconductors ETF	3%
해외주식	Global X MSCI Argentina ETF	3%
해외주식	iShares Global Utilities	5%
해외채권	SPDRu00ae Blmbg Barclays Convert Secs ETF	15%
해외채권	VanEck Vectors EM High Yield Bond ETF	19%
미국채권	Schwab US Aggregate Bond ETFu2122	46%

자산별 배분

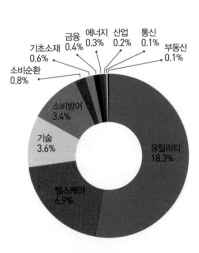

섹터 배분

*파운트

212

그렇다면 앞으로 로보어드바이저는 어떤 방향으로 발전해나갈까? 그동안 미국 로보어드바이저 시장은 베터먼트Betterment, 웰스프론트 등 기술력을 보유한 순수 로보어드바이저 업체들이 주도해왔다. 그러나 최근에는 뱅가드, 찰스 슈왑 등 기존 금융투자회사들이 시장에 본격적으로 진입해 점유율을 빠르게 높여가고 있다. 이미 지난해 기존 금융투자회사들이 순수 로보어드바이저 업체들을 제치고 관리자산 기준 업계 선두권을 차지하고 있다.

그럼 업계 1, 2위를 차지하고 있는 뱅가드와 찰스 슈왑의 로보어드바이저 서비스를 간단히 살펴보자.

뱅가드의 '뱅가드 퍼스널 어드바이저 서비스Vanguard Personal Advisor Services'는 2015년 5월 출시된 하이브리드 로보어드바이저 서비스로, 최소 가입금액은 5만 달러, 보수율은 0.3%다. 기본적인 자산배분은 알고리즘에 의해 자동적으로 이뤄지나, 자문인력이 고객의 투자목표·재무상황 등에 맞게 포트폴리오를 미세 조정하는 등 지속적으로 관리하는 것이 특징이다.

고객은 홈페이지·모바일 앱 등을 통해 실시간으로 운용 상황을 점검할 수 있으며, 언제든지 자문인력과 전화, 이메일, 화상채팅 등을 통해 상담이 가능한 것도 장점이다.

찰스 슈왑의 '슈왑 인텔리전트 포트폴리오Schwab Intelligent Portfolio'는 2015년 3월 출시된 순수 로보어드바이저 서비스로 최소 가입금액은 5천 달러, 별도 보수는 없이 증권매매 수수료만 받는 것

[그림6-10] 주요 업체들의 로보어드바이저 관리자산 규모			
2013년 말		2016년 말	
업체명	관리자산규모	업체명	관리자산규모
웰스프론트	4억 2700만	뱅가드	520억
베터먼트	3억 300만	찰스 슈왑	123억
퍼스널 캐피털	1억 9700만	베터먼트	74억
리밸런스	1억 1500만	웰스프론트	51억
퓨처어드바이저	1300만	퍼스털 캐피털	28억 5300만

*금융투자협회 (단위 : 달러)

이 특징이다. 포트폴리오 구성 및 운용 과정에서 자문인력의 개입은 없으며, 고객은 홈페이지, 전화, 이메일, 화상채팅을 통해 회사와 기본적인 상담은 가능하다. 그리고 찰스 슈왑은 2016년 12월 자문인력의 관리 서비스가 포함된 하이브리드 로보어드바이저 서비스인 '슈왑 인텔리전트 어드바이저리Schwab Intelligent Advisory'를 추가로 내놓았다. 최소 가입금액 2만 5천 달러, 보수율 0.28%다.

이처럼 최근 기존의 금융투자회사들이 로보어드바이저 시장에서 약진하고 있는 데는 기본적으로 높은 브랜드 인지도, 넓은 고객층을 기반으로 갖고 있어 유리한 데다, 관리자산 규모가 큰 경우에는 순수 로보어드바이저보다 자문인력이 개입된 서비스에 대한 선호도가 높은 것도 한몫을 했다.

또 일반적인 투자일임 보수율이 0.7~1%에 달하지만, 자문인력의 관리가 더해졌음에도 보수율이 0.3%대에 불과한 것도 큰 매력

회사	뱅가드	찰스 슈왑		베터먼트	웰스프론트
			[그림6-11] 주요 로보어드바이저의 투자일임 서비스 비교		
서비스명	Vanguard Personal Advisor Services	Schwab Intelligent Portfolios	Schwab Intelligent Advisory	Betterment Digital	–
순수/하이브리드	하이브리드	순수	하이브리드	순수	순수
주요 투자대상	뱅가드 인덱스펀드	ETF	ETF	ETF	ETF
AUM	520억 달러	123억 달러	n. a.	74억 달러	51억 달러
최소 가입금액	5만 달러	5천 달러	2만 5천 달러	없음	500달러
보수율	0.3%	없음	0.28%	0.25%	0~0.25%
출시시기	2015년 5월	2015년 3월	2016년 12월	2008년	2008년

*금융투자협회

포인트다. 이 같은 기존의 대형 금융투자회사들의 로보어드바이저 서비스 진출은 앞으로도 가속화될 것이다. 이미 골드만삭스, 메릴린치, 모건스탠리, UBS, 웰스 파고, 블랙락 등이 로보어드바이저 서비스를 내놓았거나, 출시를 준비하고 있다.

미국에는 한국과 달리 로보어드바이저가 급성장할 수 있는 배경이 하나 있는데, 바로 비대면 규제가 존재하지 않아서이다. 고객은 온라인상에서 계좌를 열고, 일임 계약까지 체결할 수 있다. 홈페이지에서 회원가입을 할 수 있는데 이름, 생년월일, 사회보장번호SSN, 이메일, 주소, 전화번호 등만 넣으면 계좌를 개설할 수 있다.

이후 홈페이지에서 투자 목적, 투자성향, 재무상황 등을 입력하고, 설명서를 PDF 파일로 받으면 가입이 완료된다. 어드바이저가 유선 또는 화상채팅으로 상담 후 투자전략을 수립하면 바로 투자를 실행할 수 있다.

문제는 아직 한국에서는 로보어드바이저 전문업체들이 비대면, 즉 온라인으로 계좌를 개설할 수 없다는 것이다. 한국에서도 비대면 계좌개설 규제가 풀리고 있지만, 기존의 대형은행, 증권사들이 대상이고, 아직 소규모 운용회사에까지는 문이 닫혀 있다. 그렇기 때문에 로보어드바이저 전문업체들은 은행이나 증권사와 제휴해 그들의 판매 채널에 의존할 수밖에 없으며, 이는 보수(판매수수료 등)를 높여 그만큼 실질 수익률을 떨어트린다.

최근 비대면 거래를 기본으로 하는 카카오뱅크, K뱅크 등 인터넷전문은행이 돌풍을 일으킴에 따라, 앞으로 비대면 거래 규제가 완화될 가능성이 높아졌다. 그렇게 된다면 로보어드바이저 전문 업체에게도 고객들과 직접 접촉해, 상담과 영업을 할 수 있는 길이 열릴 것으로 기대된다.

파운트 김영빈 대표 인터뷰

Q. 로보어드바이저 비즈니스에 뛰어들게 된 계기가 뭔가?

삶의 각도가 바뀐 두 번의 경험이 있다. 하나는 아프가니스탄 파병이고, 다른 하나는 모터사이클 세계횡단이다. 아프가니스탄 전쟁의 잔해 속에서 과자가 아닌 물을 나누어 달라고 쫓아오는 아이들을 보았고, 또 모터사이클을 타고 21개국 34만 킬로미터를 달린 경험을 하면서 '가난을 해결하자. 그것도 아주 구체적으로'라는 인생의 미션을 세웠다. 내 삶의 미션을 정치가 아닌 비즈니스로 풀어보기로 했고, 로스쿨을 졸업한 뒤 글로벌 컨설팅 회사 보스턴컨설팅그룹BCG

에 입사했다. 이곳에서 금융, 유통, 중공업 등 다양한 분야의 비즈니스를 이해할 수 있었다. 그러다 지난해 초 기술로써 금융을 혁신하고 있는 미국 로보어드바이저의 양대 스타트업인 웰스프론트와 베터먼트를 알게 되면서, 로보어드바이저 사업이라는 새로운 도전을 시작하게 됐다.

Q.로보어드바이저의 장단점은 무엇인가?

장점은 우선 글로벌 자산배분을 통해 '저위험 중수익'을 실현한다는 것이다. 자산의 속성과 자산 간 상관관계를 알고리즘에 적용해 시장 위험에도 흔들리지 않는 포트폴리오를 구성할 수 있다. 기존 금융시장에 항상 존재하는 중수익 상품에 대한 니즈를 충족시킬 수 있다. 또 저렴한 비용으로 자산관리 서비스를 받을 수 있다는 점도 큰 장점이다. 낮은 수수료와 낮은 최소 투자 규모로 문턱이 낮은 만큼 소액 투자자들이 이용하기에 적합한 서비스다.

반면 기존 PB 등에서 제공해왔던 종합적인 금융 서비스를 원하는 사람에게는 로보어드바이저가 적합하지 않을 수 있다. 대면 접촉을 통한 라이프 플래닝, 부동산 및 개별 투자에 관한 구체적인 자문은 아직 알고리즘으로 대체하기 어려운 사람의 영역이기 때문이다.

Q.다른 회사에 비해 어떤 점에서 강해지려고 노력하나?

로보어드바이저 산업이 태동하는 상황에서 어떤 요소가 경쟁우위를 가져올지 속단할 수 없다. 다만 우리는 로보어드바이저 서비스가 절대수익을 추구하는 헤지펀드와는 다르다고 생각한다는 점에서 타 업체들과는 접근법이 근본적으로 다르다. 우리는 고객에게 경제적 자유를 위한 구체적인 해결책을 주겠다는 비전에 따라 단순한 수익률 극대화뿐만 아니라 고객과의 커뮤니케이션, 고객의 소비 행동 교정, 저비용 구조 확립 등 고객의 자산관리 가치사슬 전체에서 고품질의 서비스를 제공하고자 한다.

Q.로보어드바이저가 성공하기 위해 가장 중요한 것은?

로보어드바이저의 본질은 자산배분에 있다. 로보어드바이저는 미래를 예측해 오를 종목을 찍어주는 기술이 아니다. 세상의 다양한 자산이 어떤 영향 아래에서 어떤 관계와 양상을 보이는지를 분석해 고객의 성향과 상황에 맞게 자산을 배분하는 기술이다. 사람과 달리 인공지능은 세상의 모든 자산에 대해 충분히 이해한 후 자산을 배분할 수 있다. 이런 기술력이야말로 로보어드바이저가 성공하기 위한 필수 조건이다.

Q.로보어드바이저 운영을 실제로 해본 결과 가장 어려운 점은?

앞으로 보완해야 할 점은?

회사의 비전을 제시하고, 각 분야의 전문가를 영입하여 구체적인 로드맵을 가지고 사업을 전개하는 것이 리더의 가장 중요한 역할이라고 생각한다. 가장 힘들면서도 보람 있었던 건 바로 최고의 서비스를 만들기 위해 적합한 전문 인력을 모으는 일이었다. 팀원을 모으기 어려웠던 이유는 세 가지가 있다.

우선, 뛰어난 자산관리 서비스를 만들기 위해서는 금융공학과 자산관리 분야의 전문가와 경험, 실력을 갖춘 개발자가 필요하다. 둘째, 고객들이 자신의 소중한 자산을 믿고 맡기기 위해서는 회사의 인적 구성에 대한 신뢰가 필수라고 생각했기 때문에 더 엄격한 기준으로 사람을 찾을 수밖에 없었다. 셋째, 서비스 시작은 국내지만 앞으로 세계 시장에서 경쟁할 수 있는 서비스를 목표로 했기에 그에 걸맞은 팀이 필요했다.

그래서 원하는 팀을 만들기 위해 삼고초려도 마다하지 않았다. 그 결과 우리 팀은 로보어드바이저로 자산관리 시장에 혁신을 불어넣을 최고의 팀이 됐다. 금융위와 코스콤이 함께 주관한 1차 로보어드바이저 테스트베드는 안정추구형, 위험중립형, 적극투자형 세 가지 유형으로 진행되었는데, 파운트는 유형에 따라 연 환산 3~8% 수익률로, 은행권에서 가장 좋은 성적으로 테스트를 마무리했다. 우리 서비스는 연 4~8% 안정적인 성과를 목표로 하고 있다. AI 도입으로 로보어드바이저를 혁신해 꾸준히 시장수익률을 이기고 금융시장 위기 등의 충격도 완화함으로써 고객들이 믿고 노후를 맡길 수 있는 서비스를 제공할 것이다.

Q. 로보어드바이저의 타깃 고객은 누구인가?
또 앞으로 어떤 방향으로 고객층을 넓혀나갈 계획인가?

한국은 이제 20년간 성실하게 일을 해서 꾸준히 저축을 한 사람조차 노년에 빈곤에 시달릴 수 있는 사회가 되었다. 저출산, 고령화, 저성장, 저금리 시대 상황에서 제대로 자산관리 서비스를 받지 않는 많은 사람의 실질 자산은 매년 감소하게 될 것이다. 자산이 적다는 이유로 자산관리 서비스를 제공받지 못했던 이들에게 최고의 자산관리 서비스를 제공하고자 한다.

Q. 로보어드바이저가 앞으로 어떻게 진화해나갈 것으로 보는가?

인공지능의 자연어 처리 기술이 발전하면서 조만간 비정형 데이터, 예를 들어 실시간 뉴스를 분석해 투자전략에 대응할 수 있는 알고리즘이 나올 것이다. 이렇게 되면 과거의 데이터에 의존하던 방식과 다르게 모든 뉴스를 분석하고 과거 추이와 비교해 급변하는 금융시장에 더욱 빠르게 대응할 수 있을 것이다.

**Q.현재 한국 금융시장의 제도나 관행 등에 아쉬운 점이 있다면?
로보어드바이저가 활성화되는 데 필요한 것들은?**

작년부터 로보어드바이저 시장 활성화가 언급된 만큼 이에 대한 규제 개혁을 기대하고 있다. 특히, 투자일임업에 대한 비대면 거래 허용은 로보어드바이저 시장 활성화를 위한 가장 중요한 포인트다. 최근 금융투자업계에서 허용 요구가 거세지고 있고, 금융위에서도 이에 대해 검토를 진행 중인 것으로 알고 있다. 자본시장법 및 관련 규제에서 비대면 거래를 제한하는 취지는 충분히 공감하지만, IT 발달에 따라 해당 취지를 만족하면서도 비대면 거래를 허용하는 것이 가능해졌다고 생각한다.

**Q.기존의 대형 금융회사도 제휴를 통해서나 자체적으로 로보어드
바이저에 뛰어들고 있는데, 기존 대형 금융회사 vs 로보어드바
이저 스타트업의 구도는 어떻게 될 것으로 예상하는지?**

국내 회사들도 미국과 같은 구조가 될 것으로 예상한다. 웰스프론트와 베터먼트와 같이 독자적인 채널을 보유한 로보어드바이저는 M&A를 거부했고, 그렇지 못한 어니스트달러Honest Dollar는 골드만

삭스에 인수됐다. 국내에도 약 20개의 로보어드바이저 업체가 있지만 빅 3업체와 기타 업체들과의 격차는 점점 벌어지고 있다. 미국 사례와 마찬가지로 독자적인 채널을 보유한 업체들은 대형 금융회사들과 제휴 혹은 협업하고, 그렇지 못한 회사들은 어니스트달러와 같은 길을 따를 가능성이 높다.

Q.그밖에도 독자들에게 해주고 싶은 이야기가 있다면?

알파고로 인해 AI에 대한 사회적 관심이 고조되어, 로보어드바이저역시 피부로 느낄 만큼 많은 관심을 받고 있다. 그런데 이러한 시류에 편승해 과거 알고리즘 매매, 풀어서 말하면 과거 차트 분석에 대한 개별 자산의 매매 타이밍 등을 제공하는 서비스가 로보어드바이저로 소개되기도 한다. 또 정도의 차이는 있겠지만, 고수익을 추구하는 업체도 제법 보인다. 우리는 그런 도깨비방망이를 가지고 있지않다. 다만, 우리는 '모든 사람의 경제적 자유를 실현하기 위한 구체적인 해결책을 제시하자'는 철학을 가진 집단이다. 이런 철학에 공감하는 국내외 최고 전문가가 모여 일하고 있는 것이 파운트의 가장중요한 경쟁력이라고 생각한다.

7장

미래의 기회를 내 것으로

비트코인과 블록체인의 핵심을 약간 자세하게 설명한 이유는 근본적이고
급진적인 변화가 바로 이 시대에 벌어지고 있기 때문이다.
눈을 감거나, 마음을 닫으면 이런 변화의 흐름을 읽을 수가 없다.

사모펀드, 헤지펀드, 부동산펀드가
가져올 새로운 기회

앞으로 자본시장의 미래는 어떻게 될까. 지금까지 우리는 기존 금융 상품에 대한 반성적 분석에 이어, ETF와 패시브펀드, 그리고 로보어드바이저에 대해 알아봤다. ETF와 로보어드바이저가 대안 금융상품이 될 수 있지만, 이들 역시 완벽한 것은 아니다.

기존의 다른 금융상품들도 꾸준히 진화하고, 또 새로운 상품이 나오고 있다. '마음 편하게 투자해놓고 쉬자Invest & Relax'가 우리의 궁극적 목적이지만, 정말로 아무런 신경을 안 쓰고 있어도, 내가 돈을 던져만 놓으면 알아서 잘 굴려서 목돈을 만들어주는 그런 요술상자는 존재하지 않는다.

시장의 변화에 관심을 가지고 꾸준히 공부하면 좋은 기회를 놓치지 않을 수 있다. 크게 보면 금융시장의 큰 흐름은 기존에 부자와 고액자산가만 접근 가능했던 시장이 점점 중산층, 서민, 소액 투자자들에게도 문호가 열리고 있다. 물론 문호는 전체적으로 넓어지고 있지만, 실제 투자에 성공을 거두는 사람은 많지 않다. 입구까지만 넓지, 운용 자체는 쉽지 않기 때문이다.

그러면 이제 소액 투자자, 중산층이나 서민들도 쉽게 투자할 수 있는 새로운 상품에 대해 알아보자.

우선 사모펀드가 대표적이다. 지금까지는 적어도 1억 원이 있어야 사모펀드에 투자할 수 있었는데, 이제는 사모펀드에 분산투자하는 재간접 공모펀드를 통해 최소 투자금액 500만 원만 있으면 사모펀드에 투자할 수 있게 됐다. 금융위원회가 2016년 5월 국민 재산의 증식을 위해 각종 규제를 완화한 펀드 상품 혁신 방안을 내놓은 것이다.[37]

마찬가지로, 주로 사모펀드로 운용됐던 부동산펀드와 실물자산펀드에도 공모 재간접펀드가 투자할 수 있도록 했다. 또한, 자산배분이 자동적으로 이뤄지는 자산배분펀드의 활성화를 위해 관련 규제도 완화할 계획이다. 자산배분펀드란 서로 다른 투자대상과 투자전략을 가진 복수의 펀드에 분산 투자하고 주기적으로 자산 비율에 변화를 주는 펀드다. 예컨대, 근로자의 은퇴 시점을 정해 연령에 따라 운용방법이 자동으로 변경되도록 하는 것이다. 은퇴까지 기간이

---

37 「국민재산 증식을 지원하기 위한 펀드 상품 혁신 방안」, 금융위원회, 2016.

긴 경우에는 주식투자의 비중을 높이고 시간 경과에 따라 채권 등 안전자산 비중을 높이는 식인데, 미국에서는 굉장히 활성화된 상품이다.[38]

금융투자협회에 따르면 2017년 2월 현재 전문투자형 사모펀드 순자산 규모는 255조 2582억 원에 이른다. 2017년 들어서는 하루에 1천억 원 이상씩 순자산 규모가 커지고 있다. 지금까지 이 사모펀드는 기관투자자나 고액자산가들 비중이 대부분이었는데, 이제는 소액 개인투자자도 이 시장에 뛰어들 수 있게 된 것이다.

사모펀드가 관심을 끄는 이유는 무엇보다도 높은 수익률이다. 2016년 말 기준 국내 사모펀드 3년 수익률은 13.4%로 공모펀드 수익률 7.8%의 1.7배다. 1년 수익률은 3.7%로 공모펀드 1.9%의 2배 수준에 이른다. 사모펀드 특징이 성과보수인데, 이는 펀드매니저들이 더 높은 성과를 내기 위한 충분한 당근이 된다. 공모펀드와 달리 금융감독 당국의 규제로부터 자유로운 것도 강점인데, 그만큼 시장 상황에 맞는 유연한 투자가 가능하다. 문제는 기대수익이 높은 만큼, 리스크도 크다는 것이다.

당연히 사모펀드도 요술 방망이는 아니다. 그래서 섣불리 뛰어들기보다는, 투자 방식과 대상에 대해 충분히 조사한 뒤 투자에 나서야 할 것으로 보인다. 또한, 사모펀드일 때 좋은 성과를 냈더라도, 이게 사실상 공모가 됐을 때도 충분히 좋은 성과를 낼지는 장담할

---

38 「큰손만 투자하던 사모펀드, 이젠 소액투자자도 투자 가능」, 조선비즈, 2016-5-29.

수 없다는 점도 염두에 둘 필요가 있다.

헤지펀드 시장도 더욱 커질 전망이다. 헤지펀드는 많은 돈을 이용해서 최소한의 손실로 최대한의 이익을 얻는 것이 목적인데, 주로 소수의 투자자를 비공개로 모집해 위험성이 높은 파생금융상품을 만들어 절대수익을 남긴다.

헤지펀드는 이처럼 사모펀드 형식을 취하는데, 위의 사모펀드 재간접 공모펀드가 가능해지면, 일반 투자자도 소액으로 헤지펀드에 투자할 수 있게 된다. 헤지펀드 중에 지난 수년간 우리나라에서 가장 유행한 상품은 이른바 '롱숏펀드'다.

롱숏Long Short이란 말 그대로, 오를 만한 것은 사고, 내릴 만한 것은 파는 것이다. 그런데 아직 사지 않은 주식을 어떻게 팔 수 있을까. 그것이 바로 공매도다. 즉, 롱숏펀드는 주가가 오를 것으로 예상되는 주식은 사고long, 주가가 내릴 것으로 예상되는 주식은 공매도short해서 차익을 남기는 펀드 상품이다.

이처럼 롱숏펀드는 증시가 오르든 내리든 상관없이 항상 일정한 수익을 목표로 하는 펀드로, 국내 증권사나 은행이 대표적인 중위험 중수익 펀드라며 마케팅한 상품이다. 한국 증시가 지난 수년간 박스권에 갇혀 있다 보니, 롱숏펀드가 유행하기에 더할 나위 없이 좋은 환경이었다. 중요한 것은 역시 '롱숏'이라 해도 잘 골라야 한다는 것. 수익을 잘 내는 상품도 있는 반면, 파생상품을 이용하는 특징상 큰 손실을 거듭한 상품도 많았다. 때문에, '롱숏'이란 말만 믿고,

안정적이라고 생각하는 것은 위험하다.

최근에는 공모형 부동산펀드도 속속 등장하고 있다. 기존의 부동산펀드나 리츠REITs가 기관투자자들이나 큰손들만의 전유물이었다면, 이제 부동산펀드에도 100만 원 정도의 소액으로 투자할 수 있게 된 것이다. 부동산펀드와 리츠는 여러 투자자로부터 자금을 모아 오피스 빌딩이나 호텔, 물류센터 등의 부동산에 투자하고, 그 운용수익을 투자자에게 배당하는 상품이다. 투자자가 직접 매입하는 것이 아니라, 전문 운용사에 매입과 운용을 맡기는 것인데, 지난해까지 부동산펀드는 평균 5~6%대, 리츠는 8%대 수익을 냈다.

한동안 침체했던 공모형 부동산펀드와 상장 리츠는 2016년부터 다시 활성화됐는데, 저금리와 부동산 활황 덕이 크다. 초저금리에 주식시장이 지지부진한 데 따라, 부동산에 관심은 갖고 있지만 직접 투자하기는 부담스러운 일반인들을 공략하는 것이다.

간접투자상품이지만 역시나 부동산에 직접투자할 때와 마찬가지로 옥석을 잘 가려야 한다. 주의할 점도 많다. 부동산펀드와 리츠 같은 간접투자상품은 실물 부동산 경기와 직접 연계되기 때문에, 부동산 경기가 꺾이면 수익률도 하락한다. 또 펀드 만기가 돌아와 투자했던 부동산을 되팔 때 시장 침체로 매각에 실패하면 원금 손실을 크게 볼 수도 있다. 게다가 부동산 간접투자상품은 보통 5년이나 7년 동안 되팔 수 없는 폐쇄형 구조이기 때문에 자금이 오랫동안 묶이는 것도 고려해야 한다.

생애주기별 맞춤
투자전략

인생은 라이프 사이클에 따라 흘러간다. 태어나서, 교육을 받고, 사회에 나와 직업을 갖고, 결혼하고, 자녀를 낳고, 자식 교육을 하고, 다시 이들을 결혼시키고, 노후를 보내고, 그리고 죽는.

문제는 이 인생의 과정에서 너무나 많은 사람이 금융을 제대로 몰라서, 엄청난 손해를 보고, 또 좋은 기회를 놓치고 산다는 것이다. 이 책에서 필자는 대표적인 실패 사례들과 현재 우리가 주목해야 할 것들에 관해서 설명했지만, 당연히 이것이 전부는 아니다.

현명한 금융생활과 재무생활을 하려면, 일생 전체를 놓고 중장기적인 목표에 따라서 그때그때 가장 적절한 방법을 찾아야 한다.

이와 관련한 많은 자료가 있지만, 필자가 본 자료 중 참고하기에 가장 좋고 도움이 된 것은 금융감독원에서 나온 『생애주기별 금융생활 가이드북』이다. 하지만 시중에서 접하기는 오히려 어려운데, 금융감독원 금융교육센터에서 PDF를 무료로 받을 수 있고, 종이책도 신청하면 받아볼 수 있다.

이 중에 생애주기별 주요 원칙을 필자의 한 줄 요약과 함께 소개한다. 이 원칙들만 보고 명심해도, 방향을 잡고 실천하는 데 큰 도움이 될 것이다.

| 결혼 전 금융관리 10원칙 |

1 **빨리 종잣돈을 마련하라** 큰 눈덩이로 시작해야, 더 빨리 커진다. 소액으로 위험 상품에 투자하기보다 일단 종잣돈을 꾸준히 모아라.

2 **선저축 후지출하라** 월급 받고 쓰고 남은 돈을 저축해서는 절대로 돈을 모을 수 없다. 미혼기 때는 월급의 50% 이상 저축하라.

3 **통장은 쪼개어 관리하라** 수입 통장, 지출 통장을 나눠서 관리해라. 적금 통장에는 '해외여행', '결혼자금' 등 목표를 적어라.

4 **체크카드를 사용하라** 신용카드는 재테크의 적이다. 당장은 편하지만 충동구매를 막기 어렵다. 체크카드는 충동구매를 막고 매일 가계부 쓰는 효과를 가져온다. 연말정산 때도 더 이득이다.

5 **소모성 대출은 최대한 피하라** 불필요한 소모성 대출은 피하라. 마이너스 대출 쓰다 보면 마이너스 인생 전락의 위험성이 있다.

6 **신용을 관리하라** 대출이자 상환이나 신용카드 대금 결제를 연체하고, 현금서비스를 많이 이용하면 신용이 하락한다. 나중에 돈 빌리기 힘들어지고, 이자도 높아진다.

7 **주식 직접투자는 신중하라** 한방의 유혹에서 벗어나야 한다. 이 책에서도 여러 번 설명한 바와 같이 개인은 주식 직접투자에 대부분 실패한다.

8 **복리를 생각하라** 기간 복리효과를 누리려면 일찍 저축과 투자를 시작해야 한다. 젊었을 때 몇 년의 차이가 노후에 엄청난 차이를 만든다.

9 **노후를 준비하라** 100세 시대, 은퇴 후 기간이 일하는 기간보다 길어진다. 새내기 직장인 때부터 노후 준비를 시작해야 한다.

10 **자기계발 게을리하지 마라** 가장 중요한 투자는 자신에 대한 투자다. '내 몸값'을 올리는 것이 결국 평생 부자로 살 수 있는 가장 쉬운 길임을 명심하자.

| 신혼기 및 자녀출산기 금융관리 5원칙 |

1 먼저 저축하고 나머지를 지출하는 습관을 기르자 자녀 태어나기 이전 신혼부부라면 미혼기와 마찬가지로 소득의 50% 이상 저축해야 한다.

2 주택담보대출 이외의 빚은 모두 갚자 자녀가 태어나면 돈 들어갈 곳 천지다. 그러니 그 전에 생긴 빚은 그 전에 모두 갚자. 고금리 대출이 있다면 정책금융의 저금리 상품(환승론, 햇살론, 전환대출 등)을 활용하자.

3 가족의 위험에 대비한 보장성 보험에 꼭 가입하자 이제 더는 혼자가 아니므로 사망이나 질병, 사고에 대비한 보장성 보험을 들어놓아야 할 때다. 보험은 저축이 아니라 보장을 위한 상품임을 명심하자.

4 은퇴를 위한 저축을 시작하자 출산, 양육, 주택마련을 하다 보면 은퇴자금 준비가 소홀해지기 쉽다. 하지만 은퇴대비 저축은 빠를수록 좋다.

5 통장 나누기와 분산투자를 하자 저축과 투자 등 목표를 분명히 정해 통장을 나누자. 위험과 수익에 따라 적절한 분산투자도 필수다.

| 자녀학령기의 금융관리 5원칙 |

1 자녀의 교육자금 마련 계획을 세워 실천하자 교육비 상승률이 물가상승률을 웃돌아 왔다. 대학 갈 때까지 교육비는 계속 증가하므로, 적절한 계획에 따라 준비해야 한다.

2 우리 아이에게 물려 줄 수 있는 가장 큰 자산인 금융이해력을 키워주자 자녀에게 올바른 돈의 가치를 알게 하고, 용돈을 현명하게 지출하고 관리하는 습관을 길러주자. 자녀 이름으로 통장을 만들어 저축하는 습관을 길러주자.

3 주택 거래, 피해를 보는 일이 없도록 하자 자녀학령기 때는 조금 더 큰 집으로 이사하거나 생애 첫 주택을 구입하는 경우가 많다. 재정적 준비와 함께 부동산 계약 시 기본적 법규도 파악해야 한다. 반드시 직접 방문해 물건을 확인하고, 계약 당사자가 적법한지 확인하자.

4 신용관리, 부채관리를 현명하게 하고 꾸준한 저축과 투자를 실천하자 대출은 신중하게, 부채규모는 상환에 무리가 없을 정도로만 하자. 물론 연체는 금물이다.

5 은퇴 준비는 선택이 아닌 필수다 은퇴 준비는 가족을 위한 필수 목표가 되어야 한다. 은퇴 필요자금을 계산해보고, 모아야 할 자금을 계산해 하루빨리 시작하자.

| 자녀성년기 및 독립기의 금융관리 5원칙 |

1 자녀의 결혼자금은 자녀와 부모가 함께 준비하자 자녀 부양하느라 본인 은퇴자금 다 잃으면 안 된다. 자녀 결혼자금은 자녀와 부모가 함께 준비하는 게 바람직하다.

2 갑작스럽게 다가오는 위험에 대비해 비상자금을 마련하고 보장성 보험을 다시 확인하자 갑자기 소득이 사라지면 본인과 가족의 미래가 위험하다. 질병이나 상해로 인해 소득이 중단될 수 있으므로 보장성 보험 가입을 확인하자.

3 인생 이모작은 준비된 경우에만 성공할 수 있다 무턱대고 하는 창업은 망하는 지름길이다. 자영업을 시작한다면 재능과 경험을 살리고 철저히 준비해야 한다.

4 노후자산을 늘리기 위해 연금을 쌓고 현명하게 투자하자 노후자금 마련을 위한 필요자금을 계산하고, 위험성향에 맞는 상품에 저축하고 투자해야 한다.

5 다가오는 빈 둥지 시기를 재무적일 뿐 아니라 비재무적으로도 준비하자 성년이 된 자녀가 가족을 떠날 때를 대비하자. 부부가 취미를 찾고, 건강하게 삶의 의미를 찾을 수 있는 준비도 해야 한다.

| 은퇴기의 금융관리 3원칙 |

1 은퇴 후 정확한 재무 상태를 파악하고 경제 계획을 수립하자 현재 자산과 부채 현황을 구체적으로 짚어보고 수익률 관리와 부채부담을 최소화해야 한다. 일상 생활비와 의료비 등의 비상자금을 구분해두자.

2 은퇴 후 경제 생활을 위한 준비가 미흡할 경우 국가의 지원을 활용하자 국민연금, 개인연금, 퇴직연금 등이 제대로 준비되지 않았다면, 기초연금이나 기초생활보장제도 맞춤형 급여체계 등의 도움을 받을 수 있다.

3 금융사기에 주의해 노후자금을 안전하게 지키자 노인 상대 금융사기 피해가 해마다 급증하고 있다. 금융사기 유형과 예방 방법을 잘 살펴보자.

블록체인과
미래 기술

지금으로부터 10년 전인 2007년을 생각해보자. 그해 무슨 일이 있었을까. 미국에서 아이폰이 처음 출시된 해다. 즉, 10년 전까지만 해도 스마트폰은 이 세상에 존재하지 않았다. (물론 최초의 스마트폰은 따로 있지만, 전혀 대중화되지 못했다. 그러니 아이폰 이후 스마트폰이 우리 삶에 스며들었다고 봐야 한다.) 하지만 지금은 스마트폰이 거의 우리 신체의 일부가 됐을 정도다. 스마트폰 없는 세상은 상상하기 힘들다.

세상은 우리의 전망보다 빨리 변한다. 지난 10년간 스마트폰은 '모바일 혁명'이라는 말이 무색하지 않을 만큼 세상을 바꿔놓았다. 그렇다면 금융은 어떨까. 스마트폰 뱅킹은 이제 기본이다. 그리고 핀테크란 말이 2~3년 전부터 유행하더니, 이제 간편 결제, 간편 송금은 더 이상 낯설지 않은 모습이 됐다.

한쪽에선 여전히 공인인증서와 액티브X로 씨름하고 있지만, 다른 한편으로는 지문 인식만으로 간편하게 결제와 송금이 이뤄지고 있다. 홍채로 본인을 인증하기도 한다. 내 몸이 통장이나 카드가 된 것이다.

비트코인이란 말을 들어봤을 것이다. 이 말도 10년 전에는 없었지만 지금은 현대 금융의 중요한 대안으로 거론된다. 비트코인 암호화 시스템의 핵심인 블록체인은 이제 골드만삭스와 같은 글로벌 금융회사, KB금융 같은 국내 대형 은행도 앞다퉈 도입하는 기술이다.

블록체인의 우리말은 '분산 원장 기술'이다. 인류에게 화폐가 생긴 이래, 그리고 은행업이 생겨난 이래 금융은 '원장元帳'이라는 기록에 의해 운영돼왔다. 원장은 자산이나 부채, 자본의 상태를 표시하는 모든 계정계좌를 전부 기록한 장부를 뜻하는 말이다.

예를 들어 내 금융자산이 10억이고, 국민은행에 7억, 대신증권에 3억을 가지고 있다고 하면, 무엇이 이를 입증해줄까. 국민은행과 대신증권 서버에 저장된 원장이 이를 입증해주는 것이다. 또 내가 당신에게 100만 원을 송금했다는 건 어떻게 입증해줄까. 내 국민은행 계좌에서 100만 원을 빼서, 금융결제원을 거쳐 당신의 신한은행 계좌에 100만 원이 입금된 것을 여기에 관여하는 모든 금융회사의 원장에 기록해 입증한다. 즉, 그동안은 은행이나 증권사 같은 금융회사의 원장에서 모든 것이 통합적으로 기록되고 관리됐다.

하지만 블록체인은 이러한 오래된, 그래서 당연하게 받아들인 전통과 통념을 완전히 깬다. 내가 당신에게 1비트코인을 송금한다고 하자. 이건 어떤 중앙은행이나 거래소에, 원장이 독점돼 존재하지 않는다. 중앙 정부도, 중앙은행도, 거래소도, 금융위원회도 없다.

비트코인 거래에 참여하는 모든 사람이 함께 이것을 공유한다. 어떻게 이게 가능할까. 비트코인 거래 참여자들의 컴퓨터 자원에 이 원장이 모두 분산돼, 금융거래가 이뤄질 때마다 분산된 원장을 업데이트하는 것이다.

소리바다나 토렌트 같은 P2P를 떠올리면 된다. 여기에서 다운로드하는 영화나 음악은 어떤 특정 거대한 서버에 있는 것이 아니다. 이 P2P에 참여하는 무수한 컴퓨터 속에 나뉘어 있다. P2P로 특정 영화를 내려받을때 그 영화 파일을 가지고 있는 무수한 컴퓨터들 속에서 접근이 편한 것들 순으로 동시다발적으로 다운로드한다.

비트코인도 마찬가지다. 10분마다 원장을 업데이트하는데, P2P 기술로 전 세계 참여자들의 컴퓨터가 나눠서 이 원장을 관리하고, 암호화한다. 이 암호화에 엄청난 양의 연산이 필요한데, 이 역시 비트코인 참여자들의 전산 자원을 제공받아 운영되며, 그 대가로 비트코인을 조금씩 나눠준다. 이렇게 컴퓨터를 돌리는 것만으로 비트코인을 벌 수 있으므로 '채굴'이라고 한다. 이때 쓰이는 공급량이 제한된 화폐가 비트코인이며, 방금 설명한 이 기술이 분산 원장, 즉 블록체인 기술이다.

이건 어떨까. 예전에는 미디어라고 하면 신문과 방송이 전부였다. 정부 부처 출입기자 수가 열 명도 안되던 시절이 있었다. 하지만 지금은 미디어가 셀 수 없을 정도로 많다. 국내에 김영란법 적용대상 언론사만 1만 7천 개, 언론인은 수십만 명이 넘는다. 사실 몇 명인지 제대로 추산되지도 않는다.

그리고 독자 여러분도 사실 대부분 미디어로서 기능한다. 이제 소셜 미디어를 통해 모든 사람이 미디어가 되어 정보를 발신하고, 수신하고, 소통한다. 독점에서 분산으로, 소수에서 다수로, 정보와 권력이 이동하고 있는 것이다. 그동안 금융회사를 중심으로 모든 중개와 관리가 이뤄지던 금융도 마찬가지로 그 본질적인 해체가 시작되고 있는 것이다.

그렇다고 비트코인이 각 국가의 법정화폐를 대체할 수 있을까. 국가의 독점적 권리를 자발적으로 양보할 가능성은 없으므로 국가들이 유지되고 있는 이상 가능성이 크지는 않을 것이다.

하지만 이 비트코인은 간편하고 수수도 싸기 때문에 이미 외국인 노동자들은 본국에 송금할 때 활발히 활용하고 있다. 게다가 앞서 설명한 것처럼, 기존 금융회사들마저도 블록체인 기술을 하나둘 도입하고 있다. 비트코인과 블록체인의 핵심을 약간 자세하게 설명한 이유는 근본적이고 급진적인 변화가 바로 이 시대에 벌어지고 있기 때문이다. 눈을 감거나, 마음을 닫으면 이런 변화의 흐름을 읽을 수가 없다. 이러한 변화의 흐름을 읽는 힌트를 이 책에서 얻어갔으면 하는 바람이다.

또 한 번의 금융위기가
올 수도 있나?

'~월 위기설', '~월 위기설'. 경제가 불안할 때마다 나오는 레퍼토리다. 일부는 근거가 있기도 하고, 또 일부는 근거가 없기도 하지만, 중요한 건 위기는 항상 있다는 사실.

그렇다면 1997년 IMF 외환위기나 2008년 글로벌 금융위기 같은 '역대급' 위기가 가까운 시기에 또 올 가능성이 있을까? 여러 번 말씀드린 것처럼, 미래는 아무도 알 수 없다. 그래서 역대급 위기가 또 올지 안 올지는 누구도 모를 일이다. 우리가 해야 할 건 그저 유비무환의 자세로 위기의 본질을 짚어보고, 어떻게 대응해야 하는지를 미리 살펴보는 정도다.

금융위기는 종류와 형태가 다양하고, 역사도 오래됐다. 금융위기는 크게 보면, 화폐 가치가 폭락하는 '인플레이션 위기'와 국가부도 사태 등의 '재정위기'도 포함한다. 보통 좁은 의미의 금융위기는 외환시장에 문제가 생기는 외환위기와 은행 같은 금융기관이 부실해서 발생하는 은행위기를 말한다.

우리가 1997년 IMF 때 겪은 게 대표적인 외환위기인데, 외환위기의 영향으로 은행위기도 함께 발생했다. 학문적이고 역사적인 분석도 많지만, 크게 보면 경상수지 적자 등 경제 기초여건이 취약하고, 환율 등 경제 정책에 대한 낮은 신뢰성, 금융기관, 기업, 정부, 가계 등 경제 주체의 건전성 악화, 금융의 지나친 개방 등이 그 원인으로 꼽힌다. 쉽게 말해, 달러는 부족한데, 경제 주체들의 신뢰는 없고, 또 문을 활짝 열어놓아 쉽게 흔들릴 경우에 외환위기가 발생하는 것이다.

은행위기는 일반적으로는 개별 은행의 도산에서 시작해, 시장 전체의 자금 중개 기능이 악화하면서 금융시스템 불안으로 이어진다. 여기에도 은행이 특정 위험자산에 대한 쏠림 현상, 또는 대형은행은 잘못되면 정부가 구해주겠지 하는 대마불사 too big to fail의 도덕적 해이에 따라 지나치게 높은 위험을 추구하는 등 다양한 원인이 있다.

금융위기는 이처럼 여러 위험 요인이 조금씩 모양을 바꿔가면서 긴 시간 동안 축적되다가, 외부의 충격이나 내부의 취약 포인트가 터지면서 한꺼번에 분출되는 과정이다. 금융위기는 금융에 대한 지식이 많아지고, 경제가 발전해도 앞으로 계속 발생할 것으로 보인다. 한국은행도 금융위기에 대해 심층적으로 분석한 적이 있다. 아래 설명은 한국은행 전문가가 주요 금융위기를 비교 분석한 「대공황 이후 주요 금융위기 비교」[39] 보고서의 내용을 정리한 것이다. 버블과 금융위기를 이해하고 싶다면 꼭 한번 읽어봐야 할 자료다.

역사상 첫 자본주의형 버블로 꼽히는 17세기 네덜란드 튤립 투기부터 시작해, 최근 2007년 서브프라임 모기지 사태에 이르기까지 금융위기의 원인에는 근본적으로 공통적인 요소가 존재한다. 이에 대해 한국은행은 기본적으로 경제주체들이 적은 자본으로 단기간에 많은 부를 축적하려는 비합리적 속성greed 때문으로 분석한다.

영국의 철학자 데이비드 흄David Hume도 탐욕과 부에 대한 욕망은 "보편적인 인간의 성향이며 이는 시간과 공간을 초월하여 모든 사람 마음속에 자리 잡고 있다"고 갈파하기도 했다. 튤립 투기는 화훼산업의 무궁한 발전 가능성에 대한 기대, 일본 부동산 버블은 부동산 불패 신화에 대한 신념, IT 버블은 신기술에 대한 맹목적인 기대, 서브프라임 모기지 사태는 주택 가격의 지속적 상승 기대 등 낙관적인 환상이 가득했던 것이다.

또 투자은행을 비롯한 금융기관은 전문적 지식을 이용하여 CDO, CDS 같은 새로운 금융상품을 만들었다. 이로써 일반 투자자

---

39 구글에서 '대공황 이후 주요 금융위기 비교'를 입력하면, 원문을 쉽게 찾아볼 수 있다.

들의 투기적 환상을 자극했고, 일반 투자자들은 정보와 지식의 불충분으로 맹목적인 투자를 실행했다. 지금까지 금융위기가 발생할 때마다 개혁과 규제가 이루어지고 있긴 하다. 하지만 시장은 금세 정책과 제도를 우회하여 유동성을 팽창시키는 새로운 금융상품을 만들어낸다. 이런 것이 모두 버블 형성의 원천이 된다.

최근에는 금융 시스템이 복잡해지는 반면, 금융기관의 재무구조는 튼튼하지 못해 위기에 더욱 취약해졌다. 단기 수익에 급급한 주주자본주의와 세수 확보를 위해 투기 열풍을 묵인하는 정책당국 역시 금융위기의 공통된 요인이라 할 수 있다.

은행 같은 금융기관은 기본적으로 유동적인 단기부채를 조달하여 비유동적인 장기자산으로 전환하는 자산변환 기능을 수행한다. 그런데 예금 인출은 선착순 방식의 계약에 기초하고 있으므로 경제 상황이 악화할 경우에는 상당히 취약한 재무구조로 변하는 것이다.

내줄 돈을 다 가지고 있는 은행은 없으므로, 한꺼번에 예금을 찾겠다고 사람이 몰리면 뱅크런bank run, 파산할 수밖에 없는 구조다. 또 경영자들은 단기적으로 주주의 자본이익률ROE 증대압력은 큰 반면 재무 건전성을 유지함에 따른 인센티브는 없으므로, 레버리지를 높이 일으켜 재무 건전성을 훼손할 가능성이 크다. 경영자 자신은 차입이 과다하여 경영위기가 발생해 회사를 그만 두더라도, 거액의 할증 퇴직금(골든 패러슈트)을 받을 수 있기 때문이다. 여기에다 정부 및 정책당국이 경기 활성화 등을 이유로 시행한 장기간의 금융완화정책과 불충분한 감독 등이 앞서 언급한 기본적 요인과 가세하여 버블 형성을 가속화한다.

한국의 현재 상황은 1997년 IMF 외환위기 직전이나 2008년 글로벌 금융위기 때보다는 양호해 보인다. 하지만 복잡한 글로벌 환경, 심각한 부채 상황 등은 불안 요소다. 2017년 상반기에는 중국의 '사드 보복'으로 엄청난 타격을 입었다. 이처럼 강대국 사이에 끼어 있는 데다, 대외의존도가 높은 한국 경제 특성상 국제적 충격에 취약할 수밖에 없다. 그리고 국내외 경제 전문가들이 한결같이 지적하는 것이 바로 가계부채 문제다. 그 증가 속도가 너무나 가팔랐기 때문이다.

과도한 가계부채가 왜 문제일까? 먼저 효율적 자원 배분을 왜곡한다. 소비와 투자가 아닌, 부동산 시장에만 돈이 몰리게 한다. 또 양극화를 더 심화시킨다. 가계부채는 모두에게 균등하게 되는 것이 아니다. 저금리의 혜택은 고소득층에게만 집중되고, 저소득층은 누리기가 어렵다. 소득 분위별로 대출액을 살펴보면 역시 부자들이 훨씬 많은 대출을 일으켜 저금리 수혜를 보고 있음을 알 수 있다.

예를 들어, LTV 50%를 70%로 완화하면(DTI는 일단 충족했다고 가정하면), 10억짜리 아파트를 살 때 5억이 아닌 7억을 대출받을 수 있다. 대출 가능 금액이 무려 2억 원 늘어나는 것이다. 그런데 2억짜리 아파트를 살 때는 대출 금액이 1억에서 1억 4천으로, 4천만 원 늘어나는 것에 불과하다. 게다가 LTV 완화로 대출금액이 늘어나면 수요가 늘어나 집값은 올라간다. 비싼 집을 사는 부자들이 유리할 수밖에 없는 구조다.

그렇다면 우리는 금융위기에 어떻게 대비해야 할까. 금융위기에 대한 거시적 대응은 정부나 중앙은행, 즉 정책당국의 몫이지만, 개인, 기업 역시 각자 알아서 대응해야 한다. 금융위기가 발생하면 개인은 직장을 잃을 수도 있고, 투자자산과 보유자산에 큰 손실이 발생할 수 있다. 만약 금융위기의 조짐이 보인다면, 자산의 건전성을 강화해서 충격에 강하게 만들어야 한다. 고금리에 대비해 채무를 조기에 정리하거나, 투자금을 회수하고 유동성을 확보하는 것이 위기 시 생존에 유리하다.

그러면 과연 금융위기의 조짐을 어떻게 느낄 수 있을까. 위에서 살펴본 것처럼 과한 욕심이 있을 때 위기가 터진다.

미국의 35대 대통령인 존 F. 케네디John F. Kennedy의 아버지 조지프 P. 케네디Joseph P. Kennedy의 이야기가 교훈을 준다. 조지프 케네디는 미국 주식시장의 큰손으로 작전 등을 통해 큰돈을 벌었고, 루스벨트Franklin Roosevelt 대통령 시기 초대 미국 증권관리위원장을 맡기도 했다. 그는 1929년 세계대공황 직전 증권거래소 근처에서 구두를 닦는데 구두닦이가 자기도 있는 돈을 모두 모아 주식투자를 시작했다고 자랑하는 말을 듣고, 이건 아니다 싶어 가진 주식을 모두 팔았다고 한다. 위기 발생의 조짐, 즉 쏠림 현상이 끝까지 가서 거품이 터지기 직전의 상황을 시장 분위기로 느낀 것이다.

이와는 반대로 1929년 당시 어빙 피셔Irving Fisher와 같은 유명한 경제학자들은 경기 호황은 계속되고 주가도 높은 상태가 장기간 지속할 것이라고 주장했다. 이처럼 저명한 경제학자도 미래 예측에는 완전히 실패하는 경우가 비일비재하다.

그렇다고 위기에 너무 겁먹지는 말자. 위기는 항상 새로운 기회이기도 했으니까. 적은 재산은 열심히 일하고 저축하는 것으로 만들 수 있지만, 아주 큰 재산은 미래의 어떤 거대한 변화를 읽을 수 있는 사람이 주로 얻는다. 물론 운도 따라야 할 것이다. 독자 여러분에게도 그런 운과 실력이 함께하기를 기원한다.

감사의 말

감사의 말. 이 글을 참 쓰고 싶었다.

아주 어렸을 때부터 좋은 책을 쓰는 것은 내 인생의 꿈 중 하나였고, 많은 책의 감사의 말을 읽을 때마다 나중에 책을 쓰면 여기에 어떤 말들을 쓸까 상상하곤 했다.

드디어 인생의 첫 책이 나오고 감사의 말을 쓰게 됐는데, 솔직히 기쁜 마음보다는 부끄럽고 두려운 마음이 앞선다. 처음 책을 쓸 마음을 먹었을 때는, 좋은 책을 쓸 수 있다는 자신감이 있었는데, 실제 글을 쓰면서, 그게 근거 없는 자신감이었다는 것을 깨달았다.

책을 쓰는 게 얼마나 힘든지, 또 내가 얼마나 많이 부족한지 절감할 수 있었다. 그럼에도 불구하고, 그동안 경제 기자를 하면서 가졌던 문제의식과 핵심 쟁점들을 성실하게 다루었다고 스스로 다독

여본다.

많은 분야가 그렇지만, 경제에서도 사람들은 뭔가 사이다 같은 확실한 답을 원한다. 그런데 이 책은 '그러한 확실한 답은 없다', '확실한 답이라고 주장하는 것들이 오히려 잘못된 처방이다'는 것을 말하고 있다.

이른바 경제 전문가들, 돈을 벌어다준다는 펀드매니저, 애널리스트, 여러분의 자산을 잘 관리해서 불려주겠다는 금융회사의 한계에 대해서도 많이 지적했다. 그리고 그 대안으로 액티브 투자보다는 시장 평균을 추종하는 패시브 투자와 이를 좀 더 효율적으로 돕는 로보어드바이저를 소개했다.

그러니까 하고 싶었던 얘기는 이런 거다.

재테크로 '대박'을 꿈꾸는 시대는 끝났으니 소박하게 시장 평균이라는 '소박'만 꿈꾸자. 그리고 과도한 경쟁이나 성장지상주의에서 벗어나, 조금 느리더라도 더불어 갈 수 있는 길을 찾아보자.

감사한 분이 참 많다. 우선 사랑하는 부모님께 감사드린다. 더 멋진 첫 책을 보여드리고 싶었지만, 부디 건강하게 오래오래 사셔서 앞으로 더 많은 기회를 주시길 기원한다.

아내 이노우에 마오리에게 무한한 애정과 감사의 말을 전한다. 나만 믿고 말 한마디 통하지 않은 이국에 와서, 아이 셋을 낳고 기르고 너무 고생 많았다. '앞으로 꽃길만 걷게 해주겠다' 이런 말은 감히 할 수 없지만, '앞으로 함께 가는 길이 흙길이어도, 서로 의지하고 힘이 되어주며 함께 가자'고 말하고 싶다.

큰딸 유나에게 감사하다. 그림 그리기를 유난히 좋아하는 유나는 로보어드바이저 개념에 맞는 삽화도 그려줬는데, 아쉽게도 책에 실리지 못했다. 둘째 지호와 막내 유하에게도 넘치는 사랑과 감사를 전한다. 그리고 두 동생과 그들의 가족, 많은 친지 분들께도 감사를 전한다.

로보어드바이저 책을 써야지 하는 아이디어를 처음 갖게 해준 파운트의 김영빈 대표와 파운트AI 주동원 대표께 감사하다. 또 파운트에서 일하며, 자료 정리에 큰 도움을 준 이재현 씨에게도 감사의 말을 전한다. 처음 책을 내겠다는 아이디어를 높게 평가하고, 계속 용기를 준 다산북스 윤성훈 편집자에게도 감사드린다.

이 밖에도 감사한 분이 많다. 기자 생활 중 만난 많은 선후배 동료 기자, 취재원, 그리고 친구, 선후배 등 인생에서 만난 많은 분들께 가르침과 영감을 받았다. 앞으로 더욱 정진해 더 좋은 결과물을 내놓겠다고 다짐하며 감사의 말을 마친다.

참고문헌

곽해선, 『경제기사 궁금증 300문 300답』, 동아일보사, 2009.

금융감독원, 『생애주기별 금융생활 가이드북』, 2013.

노르베르트 해링, 올라프 슈토르벡, 『이코노미 2.0』, 엘도라도, 2008.

노무라종합연구소, 『노무라종합연구소 2017 한국경제 대예측』, 알에이치코리아, 2016.

변형윤, 권광식, 『경제사상과 이론』, 한국방송통신대학교출판부, 2002.

서보익, 「로보-어드바이저가 이끌 자산관리시장의 변화」, 유진투자증권, 2016.

이준구, 『미시경제학』, 문우사, 2013.

이한영, 『너 이런 경제법칙 알아?』, 21세기북스, 2016.

정대영, 『동전에는 옆면도 있다』, 한울, 2013.

정대영, 『한국경제 대안 찾기』, 창비, 2015.

정운찬, 김영식, 『거시경제론』, 율곡출판사, 2015.

토드 부크홀츠, 『죽은 경제학자의 살아있는 아이디어』, 김영사, 2009.

폴 메이슨, 『탐욕의 종말』, 한겨레출판, 2009.

하노 벡, 『경제학자의 생각법』, 알프레드, 2015.

하노 벡, 『부자들의 생각법』, 갤리온, 2013.

한국거래소, 「ETF 투자 가이드」, 2008.

한국은행, 『2014 알기 쉬운 경제지표해설』, 2014.

한국은행, 『한국의 거시건전성정책, 2015』, 2015.

한국은행, 『한국의 금융시장』, 2016.

한국은행, 『한국의 외환제도와 외환시장 2016』, 2016.

한복연, 정지영, 『국제금융론』, 한국방송통신대학교출판부, 2015.

김지은 등, 「로보어드바이저의 현황과 한국시장 도입 가능성에 대한 연구」, 대한산업공학회 추계학술대회 논문집, 2015.

김범현 등, 「로보어드바이저 산업 활성화를 위한 국내 ETF 시장의 발전 방향에 대한 연구」, 대한산업공학회 춘계공동학술대회논문집, 2016.

배금일 등, 「Anatomy of Robo-Advisor : 적용기술의 타당성을 중심으로」, ie 매거진 22, 2015.

변인선, 「핀테크의 꽃, 로보어드바이저」, Financial IT Frontier, 2016.

유재필 등, 「로보어드바이저를 이용한 포트폴리오 관리」, 대한산업공학회 추계학술대회 논문집, 2016.

전균 등, 「한국의 로보어드바이저 현황 및 발전 방향」, ie 매거진 22, 2015.

정후식, 「대공황 이후 주요 금융위기 비교」, 한국은행, 2009.

Brinson, Hood, Beebower, 「Determinants of Portfolio Performance」, 1986.

「Robo-Advisors Capitalizing on a growing opportunity」, Deloitte, 2015.

「Robo advising : Catching up and getting ahead」, KPMG, 2016.

「The Rise of Robo-Advice」, Accenture, 2015.

대한민국 미래의 부를 창출하는 새로운 투자법

4차 산업혁명 재테크의 미래

초판 1쇄 인쇄 2017년 9월 11일
초판 1쇄 발행 2017년 9월 18일

지은이 정재윤
펴낸이 김선식

경영총괄 김은영
기획편집 윤성훈 **디자인** 황정민 **책임마케터** 최혜령, 이승민
콘텐츠개발4팀장 김선준 **콘텐츠개발4팀** 황정민, 윤성훈, 마수미, 양예주
마케팅본부 이주화, 정명찬, 이보민, 최혜령, 김선욱, 이승민, 김은지, 이수인
전략기획팀 김상윤
저작권팀 최하나
경영관리팀 허대우, 권송이, 윤이경, 임해랑, 김재경

펴낸곳 다산북스 **출판등록** 2005년 12월 23일 제313-2005-00277호
주소 경기도 파주시 회동길 357, 3층
전화 02-702-1724(기획편집) 02-6217-1726(마케팅) 02-704-1724(경영지원)
팩스 02-703-2219 **이메일** dasanbooks@dasanbooks.com
홈페이지 www.dasanbooks.com **블로그** blog.naver.com/dasan_books
종이 (주)한솔피앤에스 **출력·인쇄** 민언프린텍 **후가공** 평창P&G **제본** 정문바인텍

© 정재윤, 2017

ISBN 979-11-306-1426-7 (03320)

다산북스(DASANBOOKS)는 독자 여러분의 책에 관한 아이디어와 원고 투고를 기쁜 마음으로 기다리고 있습니다.
책 출간을 원하는 아이디어가 있으신 분은 이메일 dasanbooks@dasanbooks.com 또는 다산북스 홈페이지 '투고원고'란으로
간단한 개요와 취지, 연락처 등을 보내주세요. 머뭇거리지 말고 문을 두드리세요.